앱 마케팅의 모든 것

앱 마케팅의 모든 것

장기태 지음

여는 글

필자는 2009년 아이폰의 국내 출시를 기점으로 모바일 사업을 시작하였다. 수많은 인기 앱들을 만들어 광고제휴 사업을 진행하였고, 현재는 앱 마케팅 전문 서비스인 '포커스엠'을 운영하면서, 수년간 국내 모바일 산업과 관련된 많은 것들을 보고 만나고 느꼈다.

이렇게 모바일 마케팅 일을 하면서 많은 사람을 만나보니, 수억~수십억 원의 마케팅 예산을 쓰는 담당자들조차 앱 마케팅에 대해 잘 모르고 집행하는 경우를 접하게 되고, 완전히 잘못된 방향임에도 불구하고 아까운 마케팅 비용을 소진하는 경우도 종종 보게 된다. 물론 여기에는 시장 상황이 너무나도 빨리 바뀌고 있어 트렌드를 따라잡기 힘든 이유도 있을 것이다.

나름은 많은 강의와 발표 등을 통해서 짧은 지식이나마 공유한다고 노력하였지만, 한정된 시간에 많은 정보를 공유하기엔 분명한 한계가 있음을 느끼게 되었고, 결국 책을 통해서 수년간의 앱 마케팅 정보와 노하우를 공유하기로 마음먹었다.

앱을 통해 꿈을 이루려고 하는 많은 사람에게 단순한 앱 마케팅 방법 설명이 아닌, 적어도 누군가가 현재 내가 겪는 고민에 대해 함께 고민해 주고 있고 앞서 간 다른 사람들은 이 문제를 어떻게 해결했는지에 대한 인사이트를 주었으면 한다.

앱만 개발하여 등록하면 수십만의 사용자가 생기는 시기는 이미 지나갔고, 마케팅의 집행으로 앱의 성공을 보장받을 수 있는 시기조차도 지났다. 하루에도 수많은 앱이 신규로 등록되고 있고, 점점 대형화되어가는 앱들 사이에서 명함조차 내밀지 못하고 사라지는 앱들이 너무 많다.

그럼에도 불구하고, 앱을 통해 새로운 도전을 하려는 사람과 기업들은 끊임없이 이어지고 있다. 그렇다면 앱 비즈니스의 리스크를 조금이라도 줄이고 효율적으로 하려면 어떤 것을 알아야 할까? 이 책은 이런 질문에 조금이라도 답을 주고자 한다.

책 내용의 90%는 앱 마케팅에 대한 설명, 정보, 사례 등 앱 마케팅에 관한 내용을 다루고 있지만, 가장 강조하고 싶은 부분은 앱의 우수성이다. 수년간 앱 관련 사업을 하면서 앱은 **밑 빠진 독에 물 붓기** 같다고 느꼈기 때문이다.

아무리 완벽한 앱도 설치 후 삭제는 반드시 존재한다. 카카오톡도 삭제는 존재한다. 다만, 삭제율이 낮을 뿐이다. 바늘구멍만큼 깨진 독은 새어 나가는 물의 양이 적지만, 밑이 모두 깨져 있는 독은 아무리 많은 물을 부어도 남아나지 않는다.

앱도 마찬가지이다. 아무리 큰돈을 부어도, 아무리 효율적인 앱 마케팅을 하여도 밑이 모두 깨진 앱에는 사용자가 남아나지 않을 것이다. 효율적인 앱 마케팅 이전에 깨진 구멍이 작은, 즉 앱의 우수성이 먼저 전제되어야 한다.

몇 해 전까지만 해도 앱 마케팅은 앱 출시 후 30일 이내에 진행해야만 했던 시기가 있었다. 신규 카테고리의 노출을 통해 더 많은 유입을 기대할 수 있었기 때문이다. 하지만 이미 그런 시기는 지났다. 앱이 우수하지 않으면, 즉, 깨진 독의 크기가 크면 여러 카테고리에 노출되고 일시적인 유입이 일어난다더라도 결국엔 아무 의미가 없어진다.

이 책에서는 깨진 독의 크기를 가늠할 방법과, 소위 잘 나가는 앱들의 깨진 독의 크기 등을 사례와 차트로 공유하고 이를 통한 보완작업을 진행한 후, 어느 정도 우수성이 담보되었다고 판단될 때 비로소 앱 마케팅을 진행하라고 권하고 있다. 물론 효율적인 앱 마케팅을 위해 준비해야 할 사항, 주의해야 할 사항, 관련된 사례도 제시한다.

수년간의 경험과 정보를 공유와 나눔이란 의미로 책의 형태로 출간하고자 한다. 독자에게는 함께 고민하는 친구 같은 책이 되길 바라며, 훗날 더 많은 사람이 더 많은 경험을 또 다른 책의 이름으로 공유해 주길 바란다.

2014년 4월
저자 장 기태

목 차

여는 글	4
목 차	8
추천사	12

1. 앱 만들었는데 이제 어떻게 하지? 19
    1.1 하늘의 별보다 많은 앱 20
    1.2 통계로 보는 스마트 시장 22
    1.3 우리 앱 데뷔 전 체크사항 32
    1.4 성공하는 앱은? 37

2. 알고가는 앱 마케팅 43
    2.1 마케팅 전에 사용자 행태 분석은 필수! 44
    2.2 구글 플레이는 소리없는 전쟁터 56
    2.3 앱 기설치에 대한 기술적인 관점 61
    2.4 보상형 마케팅? 무보상형 마케팅? 65

3. 순위를 올리는 앱 마케팅 "보상형 마케팅"   69

   3.1 앱 순위를 올린다고?   70
   3.2 보상형 마케팅이란?   72
   3.3 보상형 마케팅의 종류는?   76
   3.4 보상형 마케팅의 구체적 방법과 사용자 반응은?   81
   3.5 보상형 마케팅에서 이것만은 꼭 체크! - "중복제거"   90
   3.6 보상형 마케팅의 실제 사례   98
   3.7 보상형 마케팅 Q&A   106

4. 알짜 사용자 확보를 위한 앱 마케팅
"무보상형 마케팅"   115

   4.1 알짜배기 사용자만을 모으다   116
   4.2 무보상형 마케팅이란?   119
   4.3 무보상형 마케팅의 종류는?   124
   4.4 무보상형 마케팅에서 이것만은 꼭 체크! -"기설치"   137
   4.5 무보상형 마케팅의 실제 사례   140
   4.6 무보상형 마케팅 Q&A   147

5. 돈 안 들이는 앱 마케팅　　　　　　　155

　　5.1 세상에 공짜는 없다　　　　　　156
　　5.2 단계별 전환 효율을 높이자　　　159

6. 앱 마케팅 세상에 이런 일이?　　　163

　　6.1 업데이트 과금 사례　　　　　　164
　　6.2 설치 과다 사례　　　　　　　　166
　　6.3 구글통계 설치 수와 광고 설치 수의 차이　　169
　　6.4 너무도 다른 마케팅 효율　　　172
　　6.5 보상형 마케팅에서의 고객 적립금　　175
　　6.6 자사앱 설치 여부에 따른 서로 다른 랜딩 마케팅　　178
　　6.7 타겟 앱 설치 여부에 따른 마케팅　　180

7. 플랫폼 제휴를 이용한 앱 마케팅　　183

　　7.1 For KaKao 앱으로 런칭하기　　184
　　7.2 서비스 앱도 퍼블리싱이 가능하다?　　189

8. 수익이 있어야 추가 마케팅이 가능하다!   195

    8.1 사용자에게 부담없는 제휴 마케팅   196

    8.2 다양한 공간을 활용한 광고 수익   200

    8.3 프리미엄 콘텐츠를 통한 수익 창출하기   205

    8.4 광고 플랫폼만으론 부족하다   208

부록 1. 앱 성공을 위한 필수 7단계   215

    1단계 : 잘 만들어라   216
    2단계 : 잘 꾸며라   217
    3단계 : 마케팅 전에 사용자 행태분석은 필수다   218
    4단계 : 분석결과를 반영한 후에 마케팅을 준비하자   219
    5단계 : 앱 마케팅은 전문회사와 논의하라   220
    6단계 : 앱 마케팅의 핵심은 효율이다   222
    7단계 : 마케팅의 결과 분석도 필수다   223

부록 2. 앱 사용자 분석 툴 소개   225

    1. 애드브릭스 Adbrix   226
    2. 구글 애널리틱스 Google Analytics   229
    3. 파티트랙 PartyTrack   232
    4. 플러리 Flurry   234

맺는 글   236

추천사

이석우 대표 ㈜카카오

2009년 말 스마트폰이 국내에 판매되기 시작한 이후로 국내 모바일 산업에 혁신적인 변화들이 일어났습니다. 그로부터 또 4년여가 지난 오늘, 앱 개발이 대형화, 자본화, 전문화되어가고 있습니다. 카카오를 비롯한 많은 모바일 플랫폼들이 개발사들의 수익창출을 위해 다양한 시도들을 하고 있지만, 모두가 성공하는 것은 아닙니다. 이러한 어려움을 극복하고 성공하기 위해서는 시간, 인력, 자본, 마케팅 등 많은 요소가 필요합니다.

이 책에서는 앱 서비스가 성공하기 위한 필수요소 몇 가지를 강조하고 있습니다. 첫 번째는 앱 자체의 우수성입니다. 특히, 앱은 밑 빠진 독과 같다는 비유에 공감합니다.

두 번째로 효율적인 앱 마케팅을 강조하고 있습니다. 수년간 포커스엠 서비스를 통해 집행하면서 얻은 앱 마케팅 노하우와 사례를 공유함으로써, 이 책을 읽는 이들로 하여금 간접 경험과 함께, 더 나아가 시행착오를 줄일 수 있게 해 주고 있습니다.

앱 자체의 우수성과 더불어, 앱을 효과적으로 마케팅해야 하는 시대가 도래하였습니다. 앱 개발 이후에 누가 더 효과적이고 효율적으로 사용자들에게 접근하느냐에 따라 앱 성공의 성패가 나누어지는 시대가 된 것입니다. 효율적이고 효과적인 앱 마케팅에 관심이 있는 분들께 감히 이 책을 추천합니다. 이 책은 모바일 업계 종사자들뿐 아니라, 새로운 도전을 준비하는 많은 젊은이에게 모바일 산업의 미래에 대한 신선한 시각을 제공할 수 있다고 생각됩니다.

추천사

문효은 교수,
이화여대 리더십개발원,
㈜다음커뮤니케이션 부사장 역임

모바일은 미디어 역사상 가장 많은 사람이 사용하는 대중적인 미디어입니다. 모바일은 온라인과 오프라인, 글로벌과 로컬을 연결짓는 미디어이자, 마켓플레이스로서 우리에게 무한한 기회를 제공하고 있습니다.

이 책은 변화와 혁신을 만들어가는 수많은 스타트업 뿐만 아니라, 모바일로 영역을 확대하려는 수많은 기업에게 매우 유용한 지침서가 될 것입니다.

신혜선 머니투데이 정보미디어과학
／문화부 겸임 부장

오랫동안 ICT 언론계에 종사하면서 많은 모바일 기업들을 만나보았다. 앱 개발, 홍보와 마케팅, 수익 창출의 어려움 등을 호소하면서도 도전을 멈추지 않는 많은 기업을 보면서, 이들을 안내하고 이끌어줄 '가이드'가 다양한 형태로 있었으면 하는 바람이 항상 있었다. 특히 많은 앱이 쏟아지면서 앱 마케팅은 스타트업들의 큰 고민이 됐다.

저자는 '어디갈까'라는 앱으로 2011년 대한민국 모바일앱 어워드 8월 으뜸앱상을 수상했다. 우수한 앱을 개발해 어떻게 살아남는지를 보여준 마케터이기도 하다. 이 책이 스타트업들의 가려운 곳을 긁어줄 것으로 기대한다.

추천사

박영진 ㈜다음커뮤니케이션 사업제휴담당

대한민국 모바일 5년, 세계가 주목할 정도로 역동적인 변화가 일어나고 있으며, 이러한 변화를 리드하고자 기존의 온라인 기업들을 포함한 수많은 기업들이 모바일을 외치며 끊임없이 도전하고 있습니다. 이 책은 보다 효율적인 모바일 사업운영을 원하는 모바일 종사자들이 꼭 읽어봐야 할 필독서입니다.

김천일 ㈜레디벅 대표

앱은 설치만큼 삭제도 순식간이다. 설치한 지 몇 분 안에 앱의 생존이 결정된다. 사용자들은 냉정하다. 그나마 사용자들의 선택을 받을 수 있다는 게 행복한 일이다. 순위권에 오르지 못하면 그 앱은 있어도 없는 셈이다. 지금의 앱 마켓은 전쟁터다. 이 책은 순위권 전쟁이 벌어지고 있는 2014년 앱 시장현황을 생생하게 전하고 있다.

정명원 ㈜아이커넥트 대표

모바일 서비스를 하는 수많은 기업이 앱 마케팅이라는 큰 숙제를 안고 있을 것이다. 이 책에서는 앱 마케팅을 하는 방법, 절차, 사례 등 모바일 시장에서 수년 간 부딪히고 도전해온 포커스엠의 앱 마케팅 노하우가 가감 없이 담겨 있다. 모바일 서비스를 하는 모든 이들에게 숙제를 해결할 수 있는 친절한 가이드가 될 것이다.

1 2 3 4 5 6 7 8

앱 만들었는데 이제 어떻게 하지?

1.1 하늘의 별보다 많은 앱
1.2 통계로 보는 스마트 시장
1.3 우리 앱 데뷔 전 체크사항
1.4 성공하는 앱은?

1.1 하늘의 별보다 많은 앱

수 개월간 야근과 밤샘을 반복하며 고생고생 만든, 세상에 둘도 없는 나의 앱! 그런데 이런 앱이 전 세계 200만 개가 넘고, 수많은 앱이 끝없이 등록되고 있다니 정말 끔찍한 일이 아닐 수 없다. **그야말로 별보다도 많은 앱이 나의 앱과 경쟁하고 있다.**

더군다나 구글플레이의 유/무료 앱 등록 수가 애플의 앱스토어를 넘어서면서부터 안드로이드 앱 개발사 혹은 개발자들은 개발 이후의 행보가 더욱 어려워진 상황이다. 이와 같은 상황에 내가 만든 앱이 수많은 앱 속에 파묻혀 사용자의 선택을 받아 보기는 커녕 존재도 알리기 어려운 상황이 되었다.

기업의 마케터와 앱 홍보 담당자들은 어떨까? 기업은 엄청난 비용을 들여 만든 앱을 최대한 빠른 시간에 많은 사용자가 다운로드하게 해서, 브랜딩 또는 매출향상 등의 성과가 나타나기를 기대하고 있다. 그러나 카카오톡, 페이스북 등의 SNS 앱이나 다음, 네이버 등의 포털 앱들이 높은 실행률을 무기로 이미 구글플레이의 20위권을 독차지하고 있으니, 마케팅 비용이 있다고 해도 상위권 순위에 노출되기가 쉽지 않은 상황이다.

더군다나 앱 마케팅 전문인력이 없는 상황에서 이런 임무를 받는다면 이처럼 곤욕스러운 일이 없을 것이다. 그런데 참으로 답답한 것은 앱 마케팅을 물어볼 곳도 마땅치 않고, 인터넷을 통해 광고 플랫폼 업체에 직접 의뢰한다 해도 이리저리 끌려다니며 비용만 내는 상황이 반복된다는 것이다. 말 그대로 맨땅에 헤딩만 하는 상황이 된다.

이렇듯 앱 마케팅 시장은 이미 커졌고 알아야 할 지식도 많은데, 이에 대한 다양한 정보가 공유되어 있지 않은 것이 현실이다. 이에 필자는 수년간 앱 마케팅 업계에 있으면서 겪었던 경험을 바탕으로 꼭 알아야 할 정보를 실제 사례들을 가지고 차근차근 알아보도록 하겠다.

1.2 통계로 보는 스마트 시장

본격적으로 앱 마케팅에 대해 알아보기 전에 앱 시장을 둘러싼 상황을 몇 가지 통계로 확인해 보도록 하자.

그림1은 사실 앱 개발을 하다 보면 한 번씩은 보았을 법한 기본적인 데이터로서, 모바일 시장의 규모를 가늠할 수 있는 가장 직관적인 데이터이기도 하다. 2013년 10월 기준으로 스마트폰 가입자 수는 약 3천7천만 명에 이른다. 가입하지 않고 집이나 직장에서 사용 중인 단말까지 합치면, 어린아이와 일부 노인분들을 제외한 거의 전 국민이 스마트폰을 가지고 있다고 볼 수 있다.

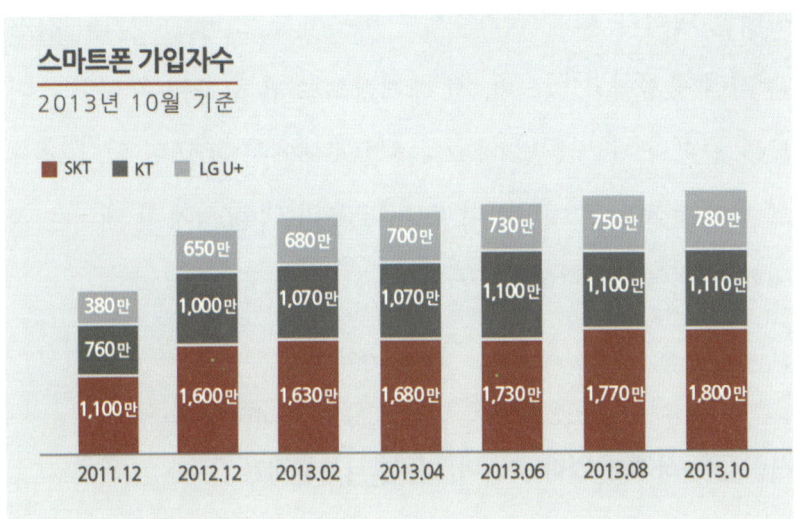

그림1. 스마트폰 가입자 수

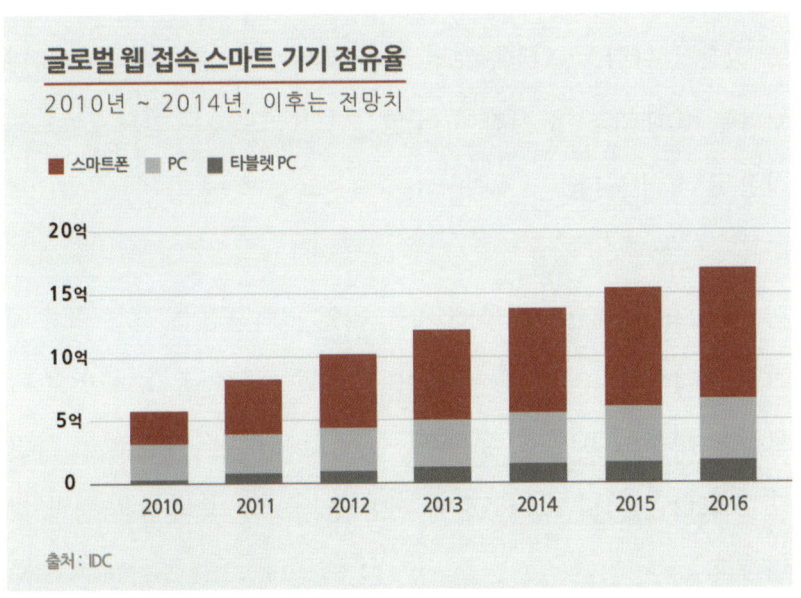

그림2. 글로벌 웹 접속 스마트기기 점유율

국내뿐 아니라 세계적인 추세도 비슷하다. 스마트 기기의 사용은 점점 증가하고 있으며, 전 세계적으로 웹 접속이 가능한 스마트폰 판매량이 2010년 약 2억 5천만 대에서 2016년 약 12억대로 증가할 것으로 예상한다. 그러니 우리 앱을 사용할 대상은 국내외 모두 넉넉하다고 할 수 있다.

사람들은 하루에 얼마나 스마트폰을 사용할까?

DMC 조사에 따르면, 한국인은 하루 평균 2.9시간 동안 스마트폰을 사용하고 있으며, 스마트폰 평균 사용시간이 점점 증가하고 있다고 한다. 그림3을 보면 남자보다는 여자가, 20대나 30대보다는 40대의 사용 시간이 더 많으며, IOS보다는 안드로이드의 사용률이 더 높다.

더 흥미로운 조사는 하루에 이유 없이 스마트폰을 보는 횟수에 관한 조사이다. 스마트폰 사용자 중 절반 이상이 이유 없이 스마트폰을 하루에 10번 이상 보며, 이유 없이 30번 이상 보는 사람도 24%나 된다니 스마트폰에 대한 충성도와 중독성은 정말 강력하다.

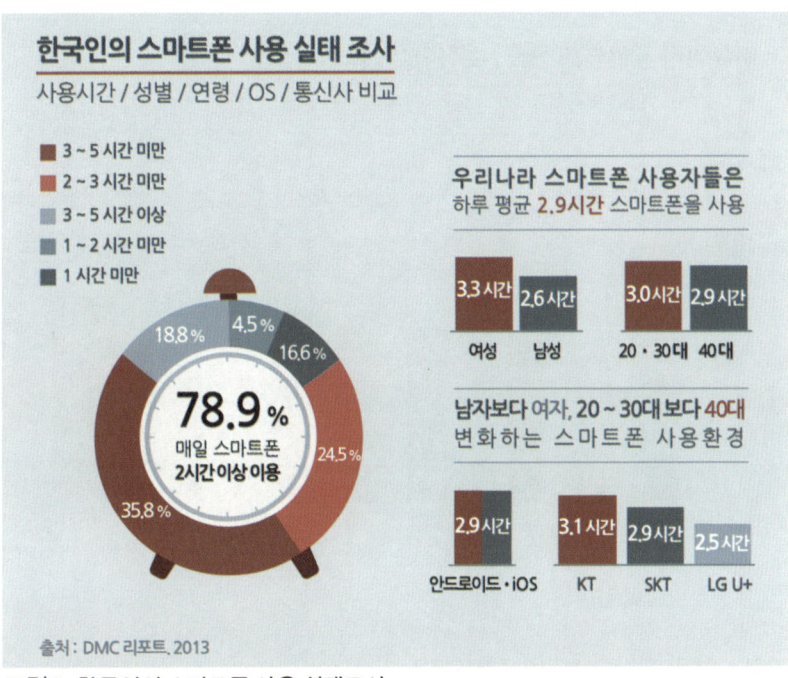

그림3. 한국인의 스마트폰 사용 실태조사

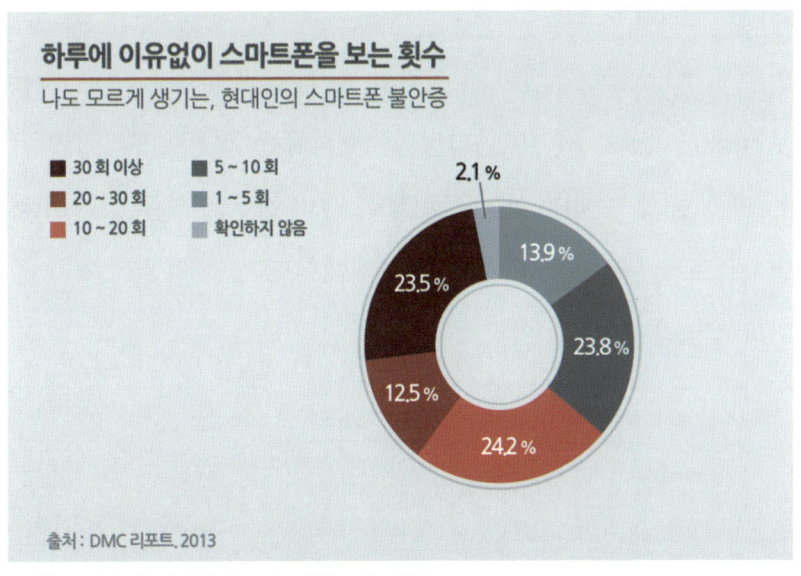

그림4. 하루에 이유없이 스마트폰을 보는 횟수

제1장 앱 만들었는데 이제 어떻게 하지?

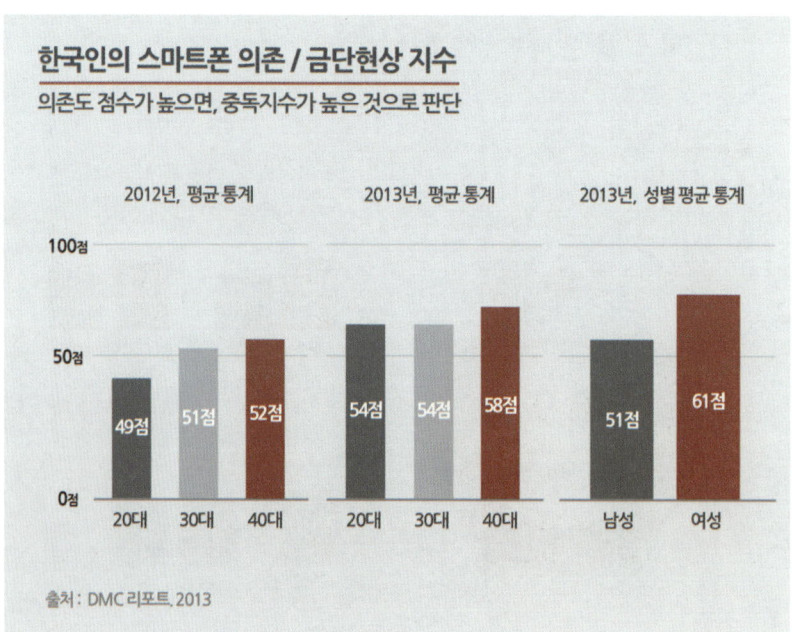

그림5. 한국인의 스마트폰 의존/금단현상 지수

이렇게 스마트폰을 접하는 시간과 횟수가 많아지니, 이에 따른 부작용도 속출하고 있다. 가장 큰 부작용은 일상에서의 스마트폰 의존 증상 중 하나인 금단현상이 남녀 사용자 모두 50~60점 이상으로 높아졌고, 그 외 각종 통계에서도 매년 의존 수치가 증가하고 있음을 알 수 있다.

이동 중에는 항상 스마트폰과 함께

스마트폰의 가장 큰 특징은 이동성과 개인성이다. 출퇴근 및 기타 이동 중에 많이 사용하는 디바이스로 스마트폰이 무려 98%를 차지하였고 태블릿 PC가 18%로 그 뒤를 이었다. 출퇴근 중에 40%는 인터넷 뉴스를, 38%는 서핑을, 30%는 소셜미디어 등을 주로 사용하는 것으로 조사되었다.

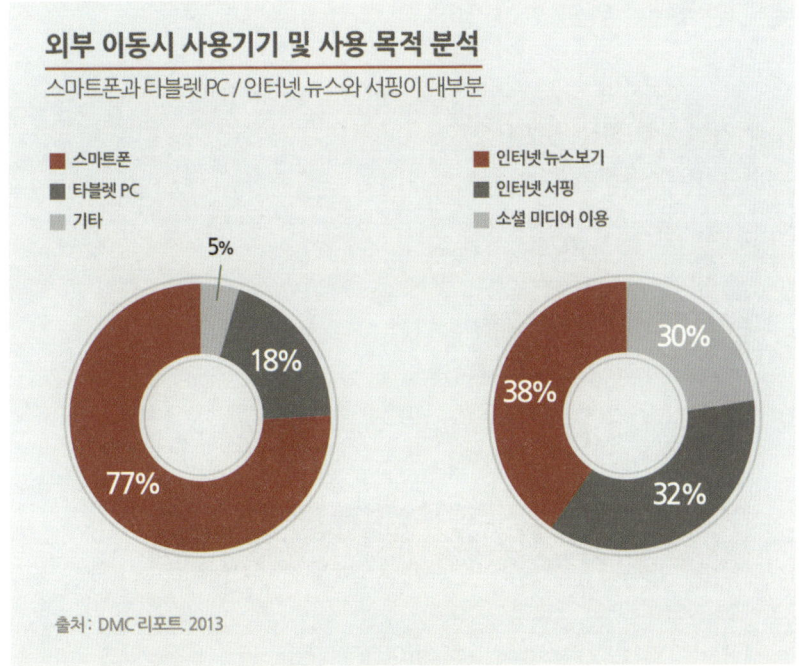

그림6. 외부 이동시 사용기기 및 사용 목적 분석

PC 뿐 아니라 TV도 넘어섰다

닐슨코리아의 자료에 따르면, 하루 평균 PC의 이용시간은 1시간 26분, TV는 3시간인 것에 비해 모바일의 사용시간은 3시간 23분으로 조사되었으며, TV와 모바일을 함께 사용하는 비율이 57%에 달한다고 한다. 이는 TV를 보는 시간에도 손에는 스마트폰이 들려져 있다는 의미와 같다. 결국, 사용자들이 가장 많은 시간을 할애하는 매체가 PC나 TV를 넘어, 점점 더 모바일에 집중되고 있다고 봐야 할 것이다.

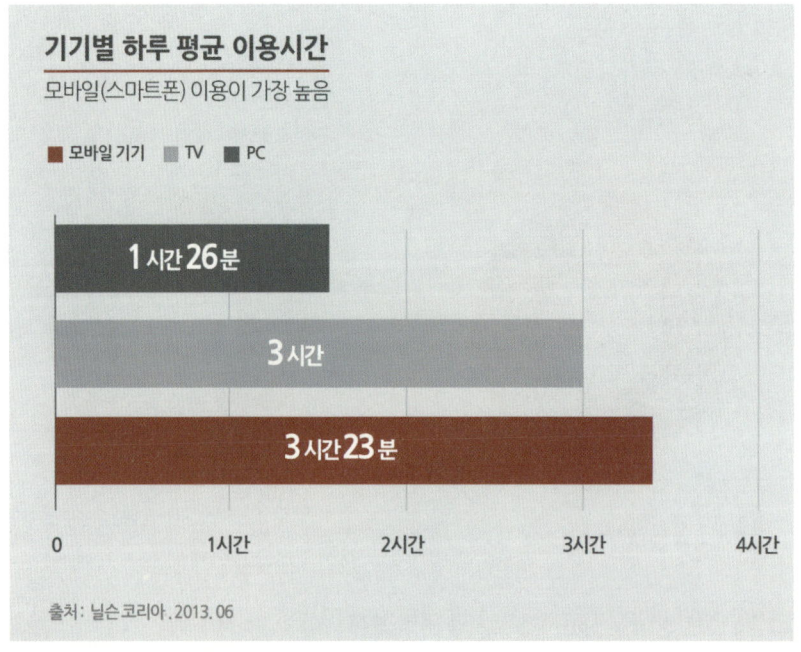

그림7. 기기별 하루 평균 이용시간

당신은 안드로이드폰 아니면 아이폰?

스마트폰 통계 중에서 다른 나라와 확연히 다른 것이 있는데 바로 아이폰과 안드로이드 폰의 점유율 차이이다. 광고 플랫폼 서비스인 카울리의 모바일 광고 트래픽 비중을 보면, 안드로이드폰이 93%, 아이폰이 7%를 차지한다고 한다. 주요 안드로이드폰 제조사들이 국내 기업이고, 다양한 보조금 지급 등으로 인하여 해외와 비교해 국내의 안드로이드폰 점유율이 월등히 높다보니 광고 트래픽에서도 안드로이드 시장이 절대적이다.

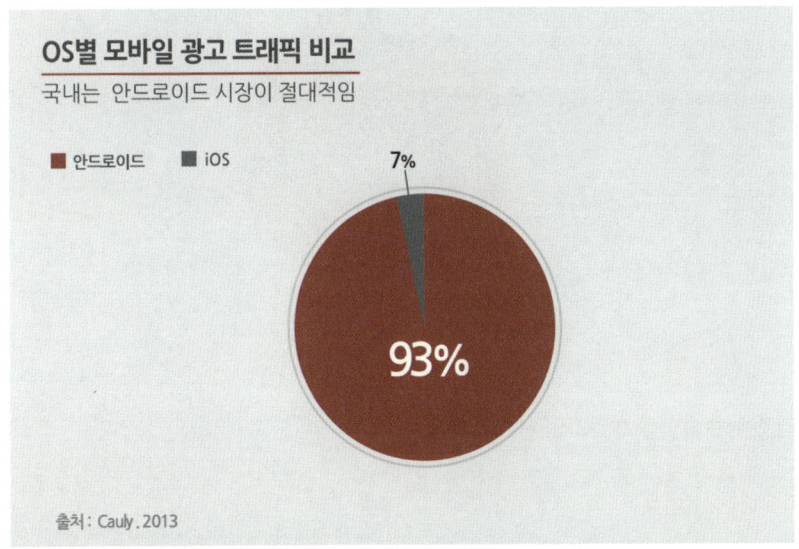

그림8. OS별 모바일 광고 트래픽 비교

모바일 웹 vs 모바일 애플리케이션

모바일 시장분석 업체인 플러리의 조사 결과, 모바일 웹보다 앱의 이용이 월등히 높은 것으로 나타났다. 특정 정보를 볼 때에, 스마트폰에 장착된 모바일 웹을 이용하는 비율이 13% 정도이며, 목적성 있는 앱을 활용하는 비율이 87%에 이른다는 것이다.

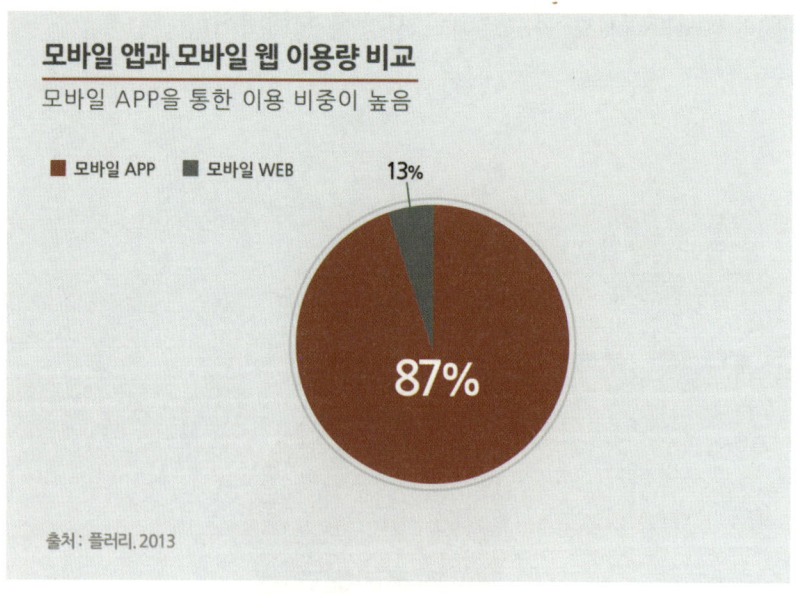

그림9. 모바일 웹과 모바일 웹 이용량 비교

갈수록 치열해지는 앱 시장

이런 몇 가지 통계만으로도 알 수 있듯이 스마트폰의 위력은 정말 대단하다. 스마트폰은 이미 일상생활에 깊이 연관되어 있다고 해도 과언이 아닐 것이다. 그중에서도 국내에서는 특히, 안드로이드 OS의 시장 점유율이 압도적이다. 이 책에서도 주로 안드로이드 앱 마케팅에 관해 다룰 것이다.

스마트폰 사용자 비율이 높고 사용자가 많긴 하지만 시장 상황이 마냥 좋은 것은 아니다. 앱 개발사와 개발자들은 앱 시장의 팽창에 고무되어 너도나도 다양한 아이디어를 바탕으로 한 안드로이드 계열의 앱을 발 빠르게 내고 싶어한다. 하지만 앱 개발사들과 게임사들은 점점 더 대형화, 자본화되어가고 있고, 우수한 앱들이 이미 각각의 영역을 선점하고 있다. 게다가 새로운 앱이 속속 쏟아져 나오니 실로 무한 경쟁 상황이라 할 만하다.

그렇기에 앱을 만드는 사람들은 자신의 앱을 더욱 효율적으로 사용자들에게 알릴 수 있는 전략에 대한 고민을 진지하게 할 수밖에 없는 상황이 된 것이다.

1.3 우리 앱 데뷔 전 체크사항

돌다리도 두드려보고 건너라는 말이 있다. 앱 런칭도 마찬가지다. 심혈을 기울여 만들었겠지만 런칭 전에, 그리고 런칭 후 마케팅 전에 다시 확인할 것이 많다.

특히나 안드로이드 앱의 경우는 개발상 디바이스와 OS에 따른 예외사항들이 많이 발생하기 때문에 정식으로 런칭하기 전에 충분히 점검하는 게 중요하다. 앞에서도 잠깐 이야기했듯이, 앱의 우수성은 앱 마케팅 이상의 의미를 가진다. 앱의 완성도는 개발자의 고민과 관심, 그리고 분석을 통해 계속 높여나갈 수 있다.

다음 페이지에서는 런칭 전 점검해야 할 사항과 마케팅 전에 점검해야 할 몇 가지를 정리해 보았다. 체크리스트의 항목들이 모든 앱에 동일하게 적용되는 것도 아니고, 명확한 답을 주는 것도 아니다. 하지만 최소한의 앱 우수성을 위해서 그게 아니면 최소한 자기 자신에 대한 확신을 가지기 위해서라도 잠시 점검하고 넘어가도록 하자.

개발과 기능확인을 위한 기본 체크 리스트20

1. 사용자의 범위와 특징, 사용 환경을 명확히 정의하고 있는가?
2. 앱의 목적과 성격이 명확한가?
3. 어떤 브라우저에서도, 어떤 해상도에서도 잘 동작하는가?
4. OS의 하위 버전부터 최신 버전까지 지원하는가?
5. 하위 버전의 디바이스부터 최신 디바이스까지 정상적으로 지원하는가?

6. 단계별로 사용자의 실수를 되돌리는 기능을 제공하는가?
7. 화면상 선택 가능한 것과 불가능한 것을 시각적으로 표기하였는가?
8. 누구나 이해하기 쉽도록 쉬운 용어를 사용하고 있는가?
9. 컬러, 폰트, 이미지 요소들이 일관된 스타일을 유지하는가?
10. 이미지가 로딩 속도 등에 영향을 주지는 않는가?

11. 타인의 저작권이나 초상권을 침해하는 이미지는 없는가?

12. 아이콘은 직관적인가?

13. 세로화면을 가로로 회전할 때도 레이아웃과 맥락이 유지되는가?

14. 내비게이션 버튼과 조작방식은 일관되게 적용되어 있는가?

15. 서비스의 사용안내는 적절한가?

16. 원하는 콘텐츠까지 최소한의 탭으로 이동할 수 있는가?

17. 사용자의 안내문이 혹시 거부감을 주지는 않는가?

18. 터치반응 영역은 적절한 크기로 제공되어 터치하기 쉬운가?

19. 사용자의 정보를 불필요하게 받고 있지는 않은가?

20. 불필요한 팝업 또는 알림을 제한하고 있는가?

앱 런칭 후 마케팅을 위한 사전 체크 리스트 12

1. 앱의 이름과 아이콘은 직관적인가?

2. 카테고리 선정은 적절한가?

3. 검색에 최적화된 앱 설명을 준비하였는가?

4 앱 소개자료를 완료하고 공유할 준비가 되어있는가?

5. 유튜브 내 공식 프로모션 영상을 준비하였는가?

6. 앱 소식을 알릴 공식 사이트 또는 공식 블로그가 있는가?

7. 앱 이야기를 담을 공식 SNS 또는 블로그가 있는가?

8. 혼자서는 안된다. 제휴할 앱 친구가 있는가?

9. 앱과 연관된 커뮤니티에 가입되어 있는가?

10. 전문 리뷰어와 일반 리뷰어 섭외가 되어 있는가?

11. 보도자료를 실어줄 언론매체가 섭외되어 있는가?

12. 출시 후 프로모션 또는 이벤트가 준비되어 있는가?

1.4 성공하는 앱은?

앞의 체크 리스트에서 앱 런칭 전에 확인해야 할 요소들을 살펴보았다. 고생해서 만든 내 서비스가 내 눈에는 좋아 보이지만 사용자들은 다르다. 필요하지 않으면 쳐다보지도 않고 앱을 설치했다가도 바로 지우기가 일쑤다.

냉정한 사용자들이 내 앱을 좋아해 주고 많이 사용하게 하는 방법은 딱 한 가지뿐이다. 앱이 우수해야 한다.

앱은 우수하지 않으면, 아무것도 아니다

그냥 한번 경험 삼아 또는 테스트 차원에서 만들어본 앱이 아니라면, 더욱이 앱을 통해 사업하려 한다면, 앱의 우수성은 처음부터 끝까지 고민해야 하는 요소이다.

사실 효율적인 앱 마케팅보다 중요한 것이 바로 앱의 우수성이다. 앱 마케팅의 방식과 효율은 앱의 우수성 이후에 논의해야 할 사항이다. 앱이 우수하지 않으면, 아무것도 아니다. 없는 것이나 마찬가지다. 밑 빠진 독에 물 붓듯이 아무리 큰돈을 마케팅에 투자하여도 사용자는 바로 이탈하고 말 것이다.

결국, 이 책에서 강조하고자 하는 핵심은 두 가지인데, 첫 번째가 앱의 우수성이다. 두 번째는 우수한 앱을 어떻게 효율적으로 마케팅을 하느냐는 것이다. 결국, 여기서 공유하고자 하는 앱 마케팅은 우수한 앱을 개발했을 때를 전제로 이야기하는 것이다.

상위권 진입과 유지가 쉽던 시절도 있었다

2009년 말 아이폰의 국내상륙 이후, 2010년도에는 어느 정도의 퀄리티를 가지고 출시해도 최상위 순위에 진입하기 쉬웠고, 수많은 사용자가 좋아해주던 시기가 있었다. 출시되는 앱이 적었던 초창기의 일이다. 그 시기에는 앱에 대해 관심도 많았기 때문에 앱의 우수성보다는 존재만으로 많은 사용자를 끌어모을 수 있었던 시기였다.

하지만 2011년, 2012년이 되면서 그동안 시장 상황을 바라보던 수많은 기업이 본격적으로 앱을 개발하기 시작하면서 상황이 바뀌었다. 제품 브랜딩을 위한 대기업들의 앱, 이동통신사들의 서비스 앱, 포털사들의 앱, 대형 게임사들의 수많은 게임 앱들이 경쟁하기 시작했다. 자금력을 보유한 이들 앱은 다양한 앱 마케팅을 통해 쉽게 상위권으로 진입하기 시작했고, 상대적으로 작은 기업이나 개인이 만든 앱들은 서서히 밀려나기 시작했다.

2013년 이후에는, 자금력을 갖춘 주요 기업들의 앱들도 고전하기 시작한다. 앱 마케팅을 하여도 쉽게 상위권을 유지하기 힘들어지기 시작했다. 앱도 우수하고 앱 마케팅을 잘해서 상위 순위로 올려놓아야만 비로소 인기 있는 앱이 되는 구조로 변해갔다.

반대로 이야기하면 앱이 우수하여도 마케팅 없이는 인기 앱이 되기 힘들고, 마케팅이 동반되어도 앱이 우수하지 않으면 인기 앱이 될 수 없다는 이야기다.

사용자들의 눈높이도 높아졌다

우수한 앱이 마케팅을 동반할 때만 인기 앱이 될 수 있는 이유가 단순히 출시되는 앱이 많아서가 아니다. 또 다른 이유는 사용자들에게 있다.

2010년에는 앱을 추천해주는 일명 '앱 가이드' 앱이 인기를 누렸다. 이런 앱만 있으면 최근의 트렌드 앱이 어떤 것이 있으며, 새롭게 나온 인기 앱이 어떤 것들이 있는지 알아서 다 알려주었다. 알려주는 대로 다운받고 사용만 하면 되었다. 하지만 이제 이런 앱 가이드 앱은 인기가 없다. 사용자들이 이미 2년 이상 스마트폰을 사용하면서 자신에게 필요한 앱을 인지하고 있고 불필요한 앱은 바로 지우고 있기 때문이다. 또한, 잘 만들어진 앱들을 너무 많이 접해 보았기 때문에 웬만한 디자인에 우수한 기능과 서비스를 갖추지 않으면 쳐다보지도 않는다.

앱이 우수하지 않으면, 앱 마케팅도 필요 없다

아주 가끔은 최고의 디자인이 아닌 게임 앱이, 최고의 기능과 서비스를 갖추지 않은 앱들이 최상위에 올라와 인기를 누리는 것을 볼 수도 있을 것이다. 수백만 앱 중에 몇 개의 앱만 보고, 저런 앱보다는 내 앱이 우수하니 저 정도 순위는 할 것으로 생각하지는 말아야 한다. 이는 로또 당첨만큼이나 어렵다.

앞으로 살펴볼 다양한 앱 마케팅의 방법들도 앱이 우수하지 않으면 아무런 의미가 없다는 것을 다시 한 번 상기시켜주고 싶다. 또한, 내 앱의 우수성을 어떻게 검증받을 수 있는지에 대한 이야기도 함께 풀어가도록 하겠다.

1 [2] 3 4 5 6 7 8

알고가는 앱 마케팅

2.1 마케팅 전에 사용자 행태 분석은 필수!

2.2 구글 플레이는 소리없는 전쟁터

2.3 앱 기설치에 관한 기술적 관점

2.4 보상형 마케팅? 무보상형 마케팅?

2.1 마케팅 전에 사용자 행태 분석은 필수!

많은 사람이 앱이 출시되는 시점에 마케팅을 하고 싶어 한다. 물론 출시 시점에 마케팅을 하면 신규 카테고리 노출 등을 통해 사용자의 유입이 확대되는 장점이 있지만, 그것보다도 심리적인 요인이 더 큰 것 같다. 완벽하다고 생각되는 나의 앱을 수많은 사용자가 기다리고 있을 것이니, 하루라도 빨리 시장에 알려주어야 한다고 생각한다. 그러나 실제 대부분의 경우, 사용자들은 당신의 앱에 대한 기다림도 관심도 없다. 존재 자체에 아무런 관심이 없다는 이야기다.

출시 시점에 마케팅하고 싶어하는 가장 큰 이유는 아마 앱 출시한 달 동안만 신규 카테고리 노출 기회가 주어지기 때문일 것이다. 출시 직후 앱 마케팅을 해서 순위를 상승시켜야만 앱의 해당 카테고리와 전체인기 그리고 신규인기 등 다양한 영역에서 노출될 수 있기 때문에, 출시 직후에 앱 마케팅을 하는 것이 유리하다고 생각했던 시기가 있었다. 노출의 의미에선 틀린 이야기도 아니고 현재도 동일하다.

하지만 아무리 많은 곳에 노출되어도, 또는 높은 순위에 올라간다 하더라도 앱이 우수하지 않으면 사용자들은 바로 이탈하고 만다. 특히 이탈한 사용자들이 마케팅 비용을 쏟아부어 끌어온 사용자라면 더더욱 안타까운 일이 될 것이다. 다음의 예에서 마케팅의 시점에 대해 생각해보도록 하자.

앱 마케팅 없이 소수의 사용자에게 조용히 평가받아 보자

A 기업이 앱 출시 직후 앱 마케팅을 통해 100,000건의 다운로드를 발생시켰다고 가정해보자. 100,000명의 사용자가 앱을 사용한 결과 90% 이상의 사용자가 1주일 이내 삭제했다고 하면 결국 10,000명의 사용자를 모으기 위해 수많은 마케팅 비용을 사용한 것이 된다.

B 기업은 앱 마케팅 이전에, 소수의 오가닉(자연다운) 유저를 대상으로 앱의 사용행태를 분석해 보았다고 가정하자. A 기업과 동일하게 1주일 만에 90%의 사용자가 이탈하는 것을 확인하였고, 주로 이탈하는 단계에서 서비스상 큰 문제가 있었다는 것을 인지하게 되었다. 이 부분을 수정한 이후 다시 사용행태를 분석해 보니 1주일 이탈률이 40%로 감소한 것으로 나왔다고 보자.

같은 날 출시한 A 기업의 앱에 비해 B 기업의 앱은 최소 한 달 이후에나 본격적인 앱 마케팅을 시행하였고 100,000 다운로드 사용자 중에 60,000명이 앱을 사용하는 것으로 나왔다. B 기업은 비록 한 달 늦게 마케팅을 하였지만, A 기업에 비해 6배의 마케팅 효율을 누릴 수 있게 되었다.

사용자 행태 분석을 위한 다양한 분석 툴을 활용해 보자

시장에는 사용자들의 앱 사용 행태를 분석해 주는 다양한 서비스들이 존재한다. 사용자 전체의 정보를 받아서 분석해 주는 곳도 있고, 일부 사용자들의 정보만으로 패턴을 분석해주는 곳도 있다.

필자도 앱 마케팅 회사를 운영하다 보니 의미 있는 앱 마케팅을 하기 위해선 사용자들의 행태분석이 필요했고 이를 통해서만이 효율적인 앱 마케팅이 가능하다는 것을 느끼게 되어, 사용자 행태분석 서비스에 공을 들인다.

사용자들의 이런 것만은 꼭 확인해 보자

사용 행태가 분석의 대상이 될 수 있는 요소는 수없이 많을 것이다. 게임 앱이냐 서비스 앱이냐에 따라서 달라질 것이고 어떤 서비스를 제공하느냐에 따라서도 많이 다를 것이다. 결국, 분석의 대상은 앱의 성격에 따라서 바뀌겠지만, 최소한의 앱 사용자 행태분석을 위해 잔존율, 누적 재실행률, 일별 실행률 등 3가지에 대해서는 꼭 분석할 것을 권장한다.

그림10의 차트는 앱을 다운로드한 이후 30일간의 잔존율 차트이다. 이 잔존율 차트를 통해서는 사용자가 얼마나 앱을 사용하는지는 알 수 없으나, 앱의 사용 가능성을 염두에 두고 삭제하지 않고 있는 비율을 알 수 있다. 결국, 잔존율이 높다는 것은 앱이 우수하여 당장 활용 또는 앞으로 사용할 충분한 이유가 있기 때문에 삭제하지 않고 보관하고 있다고 볼 수 있다.

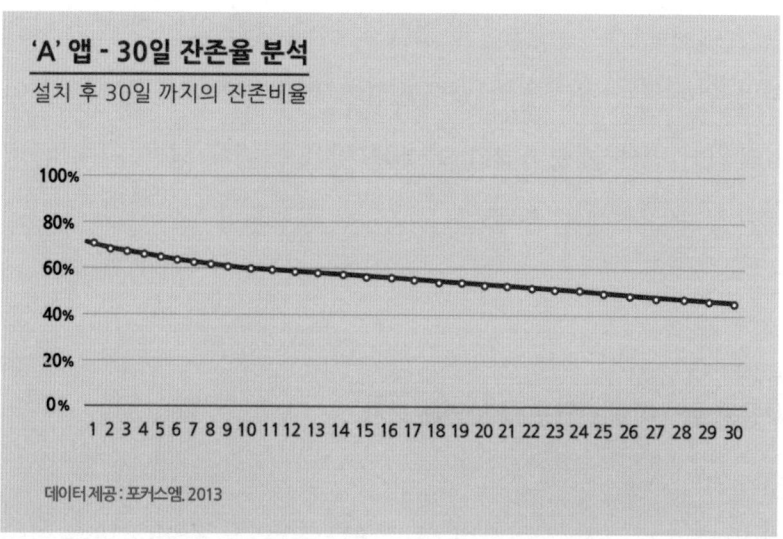

그림10. A 앱의 30일 잔존율 차트

오른쪽의 그림11의 차트는 앱을 다운로드한 후 다시 앱을 실행한 누적 비율을 30 일차까지 보여주는 차트이다. 이 차트를 통해서는 앱을 다운받은 다음날부터 얼마나 많은 사용자가 자의적으로 앱에 누적 방문했는지를 볼 수 있으며, 누적 방문율이 높다는 의미는 앱이 우수하여 당장 사용할 가치가 있다는 의미로 볼 수 있을 것이다.

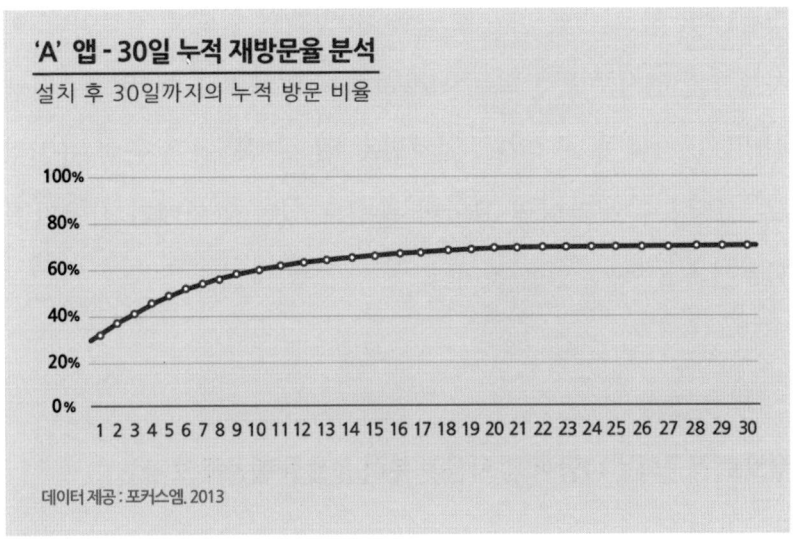

그림11. A 앱의 30일 누적 재방문율 차트

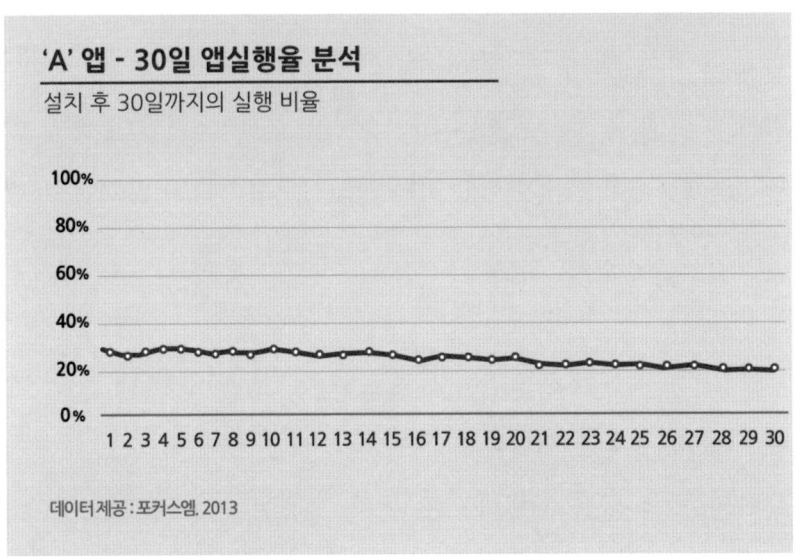

그림12. A 앱의 30일 앱 실행율 차트

2장. 알고가는 앱 마케팅   49

그림12의 차트는 앱 다운로드 후 30일간의 실행률 차트이다. 이 차트를 통해서는 잔존하는 사용자들이 일차별로 몇 번이나 앱을 실행했는지를 볼 수 있다. 일자별로 앱 실행률이 꾸준히 유지되고, 실행횟수가 많다면 그만큼 충성도 있는 알짜배기 사용자를 확보했다고 볼 수 있을 것이다.

무료로 제공되는 다양한 앱 사용자 분석 툴들을 활용해 보자

시장에는 사용자들의 앱 사용 행태를 분석하기 위한 서비스들이 다양하게 존재한다. 필자는 앱 우수성 파악을 위해 30일 잔존율 분석, 30일 누적 재방문율 분석, 30일 앱 실행률 분석 등 3가지 분석에 초점을 맞추어 서비스하고 있지만, 업종에 맞게 좀 더 상세한 분석을 제공하는 전문 분석 서비스들도 많이 존재한다.

대부분 앱 내 SDK(Software Development Kit)를 삽입하여야 하며, 이를 통해 사용자 정보를 취합하여 서비스를 제공 중이며, 일부 영역에 특화된 분석 툴을 제외하고는, 앱 설치정보, 앱 사용빈도 등 대부분 비슷한 사용자 행태분석을 제공해 주고 있다.

해외 서비스 업체로는, 구글이 제공하는 구글 애널리틱스www.google.com/anaytics를 비롯하여 랭킹에 특화되어 전 세계 30만 개 이상의 앱 분석 서비스를 제공하는 앱 애니www.appannie.com/kr, 글로벌 모바일 시장분석 업체인 플러리가 제공하는 플러리 애널리틱스www.flurry.com 등을 무료로 사용할 수 있다.

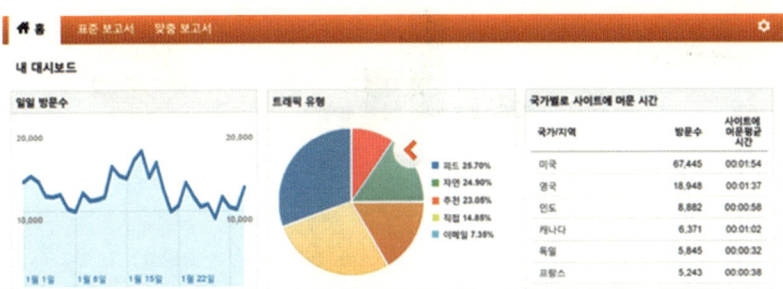

그림13. 구글 애널리틱스 화면

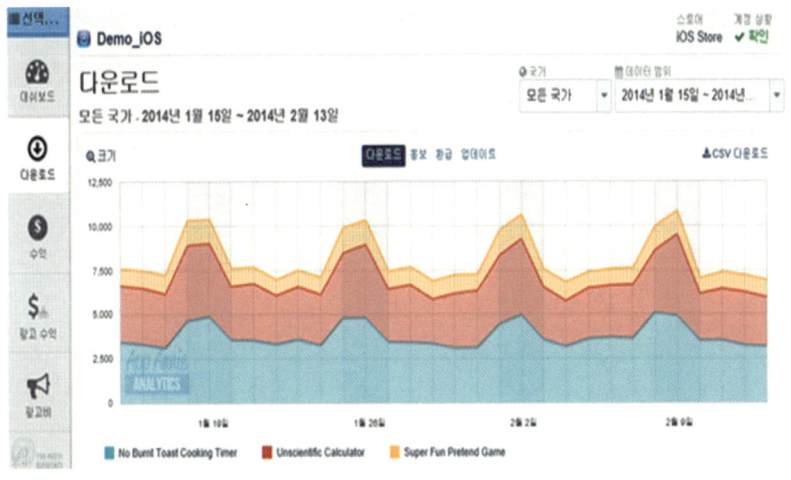

그림14. 앱 애니 데모 화면

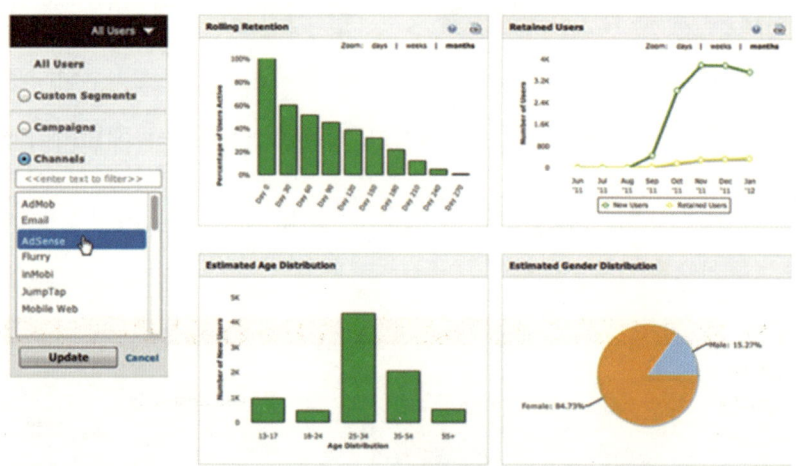

그림15. 플러리 애널리틱스 화면

국내에도 포커스엠www.focusm.kr을 비롯하여 다음커뮤니케이션즈에서 자회사 TNK 팩토리를 통해 서비스하는 T-MATwww.tnkfactory.com, IGAWorks가 보상형 캠페인과 사용자 분석을 위해 개발한 애드브릭스www.ad-brix.com, 모바일 게임에 특화된 파이브락스www.5.rocks.io 등의 다양한 앱 사용자 분석 서비스를 제공하고 있다.

이 책의 부록2에 사용자 행태분석을 제공하는 대표적인 서비스들의 상세 차트가 실려 있으니 분석 툴에 대해서는 반드시 부록을 참고하기 바란다.

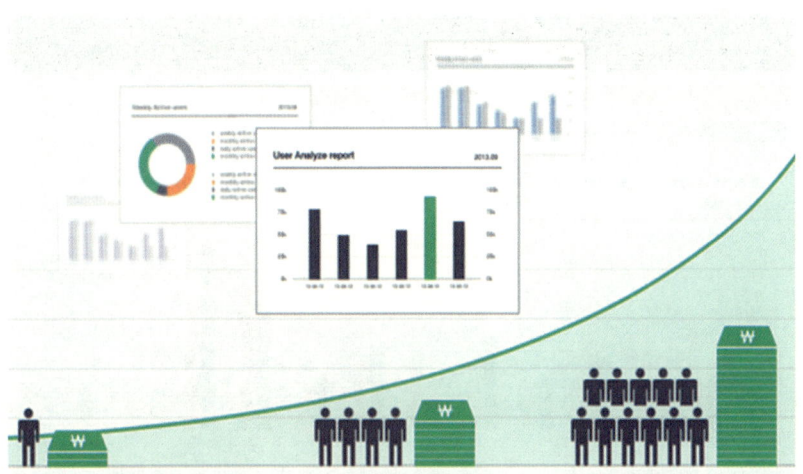

그림16. 티-맷 소개 화면

그림17. IGAWorks의 애드릭스 유저 유입 채널별 지표 분석 화면

2장. 알고가는 앱 마케팅　53

그림18. 파이브락스 캠페인 샘플 화면, 홈페이지 참조

마케팅을 해서라도 평가받아 보고 싶다?

많은 사람이 조급해한다. 애써 만든 앱을 얼른 평가받고 싶어한다. 출시되는 앱들이 워낙 많으니 앱 마케팅을 통해서라도 사용자들의 평가를 받고 싶어한다. 하지만 사용자 평가가 앱을 개발한 본질적인 목적은 아닐 것이다.

마케팅에 큰돈 들이는 것은 향후 더 많은 사용자를 위해 잠시 보류하고, 더 나은 서비스를 위해 사용자를 분석하고 앱을 보완하는 데 좀 더 시간을 할애하도록 하자. 더 멋진 결과를 위해 조금만 더 참자. 평가받기 위한 마케팅 비용은 아무 의미가 없다.

다시 한 번 언급하지만, 앱 마케팅의 시점은 사용자들의 앱 사용 행태를 분석한 이후에 진행해야만 하며, 이를 통해서만이 앱 마케팅의 효율이 높아질 수 있을 것이다.

초기 사용자 행태분석을 통해 문제점을 보완하고, 다시 업데이트하자. 그렇게 해서 새롭게 나온 사용자 분석 결과가 만족할만한가? 그렇다면, 이제부터 앱 마케팅의 개요와 구체적인 앱 마케팅 방법들, 그리고 앱 마케팅을 진행하면서 유의해야 할 점 등을 살펴보도록 하겠다.

2.2 구글 플레이는 소리없는 전쟁터

구글플레이 검색창에 날씨라는 검색어를 쳐서 나오는 앱은 약 250여 개 정도이다. 모두 같은 정보를 주는 앱이지만 유사 앱의 수는 날로 증가하여 경쟁은 점점 더 치열해지고 있다. 그뿐만 아니라 교통정보, 게임, 문화생활 앱부터 심지어는 등 긁어주는 앱까지, 앱의 종류 또한 날로 다양해지고 그 수도 폭발적으로 증가하고 있다.

이러한 환경에서 우리가 만든 앱이 사용자에게 노출되기까지는 꽤 험난한 여정을 거쳐야만 하는데, 그렇게 힘든 여정을 거쳐도 사용자 스마트폰에 깔려 보지도 못하고 사장되는 앱이 허다하다. 이러한 환경에서 생존하기 위하여 우리는 앱 마케팅을 신경 쓸 수밖에 없는 것이다.

앱 마케팅의 정의

이 책에서 다루는 앱 마케팅이란, 더 명확하게 이야기하면 앱 다운로드 마케팅이라 하는 것이 더 적당할 것이다. 포괄적 의미에서의 앱 마케팅의 범위는 개발된 앱을 사용자에게 노출하여 설치시키고 잘 활용할 수 있도록 해 주는 것이고, 좁은 의미에서는 앱의 효율적인 설치까지로 봐야 할 것이다. 하지만 설치 이후 앱의 활용성은 앱 우수성과 더 깊은 상관관계를 가지므로 이 책에서는 좁은 의미의 앱 마케팅에 대해 다루고자 한다. 즉 앱을 보다 효율적으로 사용자들에게 다운로드 시키게 하는 마케팅이란 의미에서, 이 책에서 사용할 앱 마케팅이란 용어는 앱 다운로드 마케팅으로 이해해 주었으면 한다.

결론적으로 앱 마케팅의 핵심은 앱을 활용하기 이전에 앱을 어떻게 설치시킬 것이냐에 초점이 맞춰져 있다고 보면 맞을 것이다. 그렇다면, 사용자들은 어떠한 단계를 거쳐서 앱을 설치하게 되는 것일까?

잠재 고객에서 충성 고객까지

> 스마트폰으로 인터넷 뉴스를 보던 중 앱 하단에 위치한 띠 배너 광고에서 새로운 다이어리 애플리케이션을 발견하게 되었다. 사실 기존에 쓰던 다이어리 애플리케이션이 있는 터라 새로운 앱을 찾을 이유는 없었지만, 광고가 눈에 띄기에 한번 클릭해 보기로 했다.
>
> 구글플레이의 앱 다운로드 페이지로 연결되고 새로 출시한 다이어리 앱에 대한 소개와 내용 등이 나열되어 있었다. 제시된 화면 디자인이 기존 것보다 좀 더 세련되어 보였고, 사용해본 사람들의 댓글을 보며 상당히 좋은 평가를 받고 있는 것 같아서, 한번 설치해 보기로 하고 다운로드 후 실행해 보았다.
>
> 실행해보니 그동안 사용했던 다이어리 앱보다 훨씬 더 깔끔하고 사용하기 편리했다. 기존의 사용하던 앱보다 이 새로운 다이어리 앱을 계속 사용하고 싶어졌다. 결국, 기존에 사용하던 앱은 삭제하고 새로운 다이어리 앱을 사용하게 되었다.

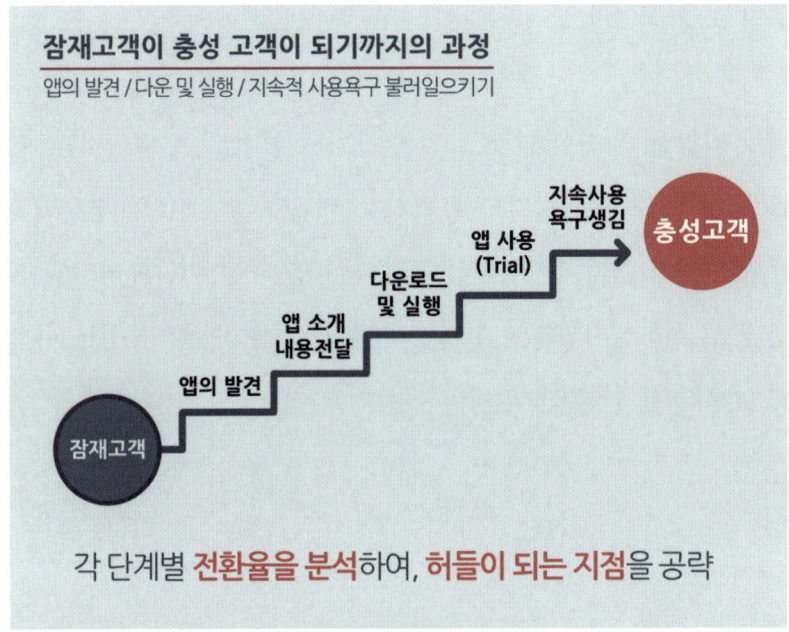

그림19. 잠재고객이 충성고객이 되기까지의 과정

앱 마케팅을 이해하기 위해서는 앞의 사례와 같이 사용자들이 앱을 발견하고 설치하기까지의 단계를 알아야 한다. 최초 잠재고객부터 시작하여 충성고객이 될 때까지 여러 단계의 허들을 넘어야만 비로소 앱을 만든 보람을 찾게 되는 것이다.

적절한 타겟 고객을 찾아가야 하는 단계, 이들에게 앱을 노출해 주는 단계, 앱 다운로드 페이지에서 앱을 소개해 주는 단계를 모두 거쳐야만 앱을 설치하게 되는 것이다. 물론 설치 실행 후 실망하여 바로 삭제한다면, 이는 앱의 우수성과 직결된 문제로 보는 것이 맞을 것이다.

어찌 되었건, 적절한 타겟 고객을 찾기도 쉽지 않은 일이지만, 이들을 찾아 노출을 시켜도 클릭하는 비율이 띠 배너의 경우 1%를 넘기기가 쉽지 않다. 설령 클릭하여 앱 다운로드 페이지에 진입해도 실제 설치까지 이어지는 비율이 통상 3%~5% 정도 나오고 있으니 설치까지의 과정이 녹록지 않다.

2.3 앱 기설치에 대한 기술적인 관점

앱 마케팅, 즉 앱 다운로드 마케팅을 진행할 때 우선 명확히 해두어야 할 것이 있다. 어떤 앱에 특정 마케팅을 실행하여 그 마케팅의 결과로 앱의 다운로드가 얼마나 일어났는지 산출할 수 있어야 한다는 것이다. 그래야만 광고주와 매체사 간에 중복 과금abusing에 대한 의심이 없어지고, 앱 마케팅 산업 자체도 신뢰를 받으면서 성장할 수 있을 것이다.

필자는 가끔 거대 앱을 운용하는 개발진이나 수억 원의 앱 마케팅을 집행하는 마케터가 앱 설치 여부에 대한 기본적인 지식조차 없는 경우를 보아왔다. 파트너에 대한 무한신뢰라는 좋은 의미를 내세울 수 있겠지만, 그래도 담당자로서 최소한의 지식은 있어야 특이 상황이 발생했을 때 나름대로 원인 파악 등이 가능하지 않을까 한다. 적어도 마케터나 기술진이라면 어떤 원리와 로직으로 앱 설치 여부를 파악하는지 알아 두어야 할 것이다.

다음은 국내외 모바일 마케팅사들이 주로 사용하는 몇 가지 앱 설치 확인 방법이다.

A앱(매체)이 B앱(광고주)을 마케팅한다고 가정하자.
첫 번째로 가장 간단하면서 기본적인 설치확인 방법이다. A앱에서 B앱을 노출하기 전에 해당 스마트폰에 B앱이 설치되어 있는지를 알아보는데, 안드로이드 OS 패키지명 폴더에서 B앱의 패키지명이 존재하는 지로 파악할 수 있다. 존재하지 않을 경우 마케팅을 진행한다. A앱 내에서 B앱에 대한 광고 클릭이 일어나면 일정 시간 동안 B앱의 패키지명 존재 여부를 모니터링하고 B앱의 패키지명이 생성되면 B앱이 A앱의 마케팅을 통해 설치되었다고 판단하는 방법이다.

두 번째로는 안드로이드 OS의 일부 기능을 활용하는 방법이다. 첫 번째 방식과 비슷하게 A앱에서 B앱의 설치 여부를 확인한다. 미 설치시 마케팅을 집행하고 사용자 클릭을 통해 B앱의 설치 여부를 모니터링하기 시작한다. 이 방법은 A앱이 직접 모니터링을 하는 것이 아니고, 사전 입력된 명령을 통해 안드로이드 OS의 설치 이벤트를 받아서 B앱의 설치 여부를 파악하는 방법이다. 첫번째 방법으로 모니터링할 때 발생할 수 있는 일부 리소스를 최대한으로 줄이기 위한 방법으로 보면 된다.

세 번째로는 B앱이 단순 광고주가 아니고 자사 앱일 경우 많이 사용하는 방법이다. 단순 설치형이 아닌 실행까지를 파악하는 경우에 사용된다. A앱에서 B앱의 설치를 모니터링을 하는 것이 아니고, B앱이 실행되었을 때 A앱에 특정 신호를 주는 방식이다. 여러 마케팅이 동시에 진행되는 경우에는 일부 데이터 손실이 발생할 가능성이 있는 방법이다.

네 번째도 역시 설치 후 실행을 확인하는 방법이다. 세 번째처럼 A앱이 모니터링을 하는 것이 아니고, B앱이 설치 실행된 이후, B앱의 서버에서 A앱의 서버로 신호를 보내주는 방법이다. 앱들 사이의 통신이 아닌 서버를 통한 확인방법이라고 보면 된다.

다섯 번째로는, 위의 방법들을 사용하면서 매체사나 광고주사 간의 더 명확한 수치 확인을 위해 제3의 회사가 개입하는 방식이다. 써드 파티 3rd party의 앱 분석 툴을 사용하는 방법이다. B앱에 앱 분석을 전문으로 하는 제3의 회사인 C사의 SDK를 삽입하고, A앱이 마케팅할때의 랜딩 주소에 특정 코드를 달아서 설치, 실행 여부를 파악하는 방법으로 최근에는 국내외 대형 게임사들이 대부분 사용하고 있는 방법이다.

그 외에도 앱이 설치되었을 때 나타나는 사용자 알림 신호를 파악하여 앱 설치 여부를 판단하는 방법 등 언급되지 않은 다양한 방법들이 존재하고 있다. 어떤 방법을 쓰느냐는 개별 회사의 상황에 맞추어 개발, 운영 등에 무리가 없는 방법을 선택하면 될 것이다.

2.4 보상형 마케팅? 무보상형 마케팅?

"
스마트폰을 하던 중 잠금화면에서 게임 앱 광고를 보았다. 이 게임 앱을 설치하면 포인트를 적립해 준다는 말에 게임 앱을 설치하였다.

게임 앱을 설치하면서 스마트폰 꾸미기 앱을 실행하고 있었는데 자주 이용하던 쇼핑몰이 새로 앱을 오픈한다는 광고를 보게 되었다. 이제 스마트폰으로도 이 쇼핑몰을 이용할 수 있다는 생각에 쇼핑몰 앱을 설치하였다.
"

이 사례에서 볼 수 있듯이 앱 마케팅은 크게 두 가지로 나눌 수 있다. 하나는 사용자들에게 현금 및 포인트 등을 제공하는 대가로 특정 앱 설치 및 앱 실행을 유도하는 보상형 마케팅으로, 리워드 마케팅Reward Marketing이라고도 한다. 다른 하나는 사용자들이 어떠한 보상 없이도 본인의 필요 때문에 마케팅에 참여해 앱을 설치하고 실행하는 무보상형 마케팅으로, 넌리워드 마케팅Non-Reward Marketing, 넌인센티브 마케팅Non-Incentive Marketing이라 한다.

보상형 마케팅은 앱이 실제 설치되거나 실행되어야 특정 대가가 지급되므로 상대적으로 적은 비용으로도 높은 순위 상승을 기대할 수 있는 마케팅 방법이다. 하지만 대가가 지급된 이후 앱을 삭제하는 비율이 높다는 단점이 있다.

무보상형 마케팅은 자의적으로 앱을 설치했으므로 사용률과 잔존율이 매우 높아 앱의 진성 유저 확보를 원할 때 주로 사용되는 마케팅 방식이다.

이제부터 앱 마케팅의 양대 산맥인 보상형 마케팅과 무보상형 마케팅에 대해 좀 더 자세히 알아보도록 하자.

1　2　**3**　4　5　6　7　8

순위를 올리는 앱 마케팅
"보상형 마케팅"

3.1 앱 순위를 올린다고?

3.2 보상형 마케팅이란?

3.3 보상형 마케팅의 종류는?

3.4 보상형 마케팅의 구체적 방법과 사용자 반응은?

3.5 보상형 마케팅에서 이것만은 꼭 체크! - "중복제거"

3.6 보상형 마케팅의 실제 사례

3.7 보상형 마케팅 Q&A

3.1 앱 순위를 올린다고?

수많은 앱이 쏟아지고 있고 많은 앱이 다양한 앱 마케팅을 진행하고 있는 상황에서 구글플레이의 상위 순위권에 오르는 것은 쉬운 일이 아니다. 또한, 카카오톡 등을 포함한 10여 개의 필수 앱들은 타 앱들과 비교도 되지 않을 정도의 앱 실행률을 바탕으로 항상 20위 내의 상위권을 차지하고 있다.

그렇다면 상위 필수 앱들과 새롭게 출시되는 그 많은 앱을 제치고 상위권에 올라갈 방법은 있는 걸까?

상위 순위는 앱 우수성과 앱 마케팅 비용에 비례한다

상위 순위에 오른 앱은 대부분 둘 중 하나이다. 첫 번째는 너무도 당연한 이야기이지만, 앱이 절대적으로 우수하다는 것이다. 앱이 우수하다고 항상 최상위에 랭크되는 건 아니므로 대부분 일정 부분은 앱 마케팅을 통해 사용자들에게 알리고, 이를 기반으로 많은 사람이 앱을 접하고 다운받아 사용하는 경우이다. 최근에는, 누가 봐도 차별화되게 앱이 우수한 경우는 대부분 큰 자본을 가진 회사가 출시하는 앱이기 때문에 기본적인 앱 마케팅은 필수적으로 포함된다고 보는 것이 맞을 것이다.

두 번째는 앱의 우수성과 상관없이 보상형 마케팅을 통해 상위 순위로 진입하는 경우이다. 이 방법은 특정 보상으로 사용자들을 동원하여 앱을 다운받고 실행시키는 방법이기에 앱의 우수성과 마케팅 효율과는 큰 상관관계를 가지지 않는다.

보상형 마케팅으로 앱의 성공은 보장할 수 없지만 적어도 어느 정도의 상위 순위는 보장받을 수 있다. 결과적으로 앱의 우수성과 상관없이 상위 순위를 목표로 한다면, 보상형 마케팅을 사용하는 게 가장 확실하다는 결론에 이른다. 이제부터 보상형 마케팅에 대해 좀 더 자세히 알아보도록 하자.

3.2 보상형 마케팅이란?

보상형 마케팅이란 사용자들에게 현금 및 포인트 등을 제공하는 대가로 특정 앱 설치 및 앱 실행을 유도하는 마케팅 방식이다. 이 방식은 앱이 실제 설치 또는 실행되어야 특정 대가가 지급되는 구조로써, 설치당 단가가 낮아 상대적으로 적은 마케팅 비용으로도 높은 순위 상승을 기대할 수 있는 마케팅 방식을 말한다.

캐시슬라이드, 앱팡, 허니스크린, 애드라떼 등이 대표적인 보상형 마케팅 매체들이며, 이러한 채널들에게 동시에 광고를 집행하기 위한 네트워크 형태의 서비스로는 IGAWorks, TNK 등이 대표적이다.

또한, 보상형 마케팅을 서비스 형태적으로 보면 크게 잠금해제형, 리스트형, 충전소형 등이 대표적이며, 최근 더 다양한 방식으로 보상형 마케팅이 진화하고 있다.

보상형 마케팅은 2012년부터 급격히 인기를 끌면서 앱 마케팅뿐 아니라 기업들의 서비스에 대한 브랜딩, 영화홍보 등 다양한 영역으로 그 서비스를 확대해 나가고 있다. 특히 초기 잠금해제 화면을 활용하는 채널의 경우에는 연예 뉴스, 쇼핑 정보 등을 제공해 주면서 모바일 정보 플랫폼으로써 발전하기 위한 노력을 기울이고 있다.

보상형 마케팅의 장점

그렇다면 왜 보상형 마케팅이 인기가 있는가? 보상형 마케팅은 나중에 언급될 무보상형 마케팅보다 설치당 단가가 상대적으로 저렴하기도 하지만, 앱 이용자들이 포인트나 적립금을 받기 위해 노출된 광고에 빠르게 반응하는 장점도 있다. 또한, 다운로드뿐 아니라 설치와 실행까지 체크된 상태에서 리워드가 발생하기 때문에 순위에 빠르게 반영된다.

즉, 상대적으로 저렴한 비용으로 상위순위 진입이 가능하고, 순위에 대한 대략적인 예측이 가능하며, 타 마케팅에 비해 준비나 운영, 관리 요소가 적다는 것이 보상형 마케팅의 장점이다.

또한, 순위상승에 따른 노출의 증가로 인해 자연 다운로더를 확보할 수 있다는 점과 일부 낮은 비율이지만 마케팅에 참여하고 앱을 실제로 활용하는 유저도 존재한다는 점 등이 보상형 마케팅을 선택하는 이유이다.

보상형 마케팅의 단점

하지만 보상형 마케팅의 이면에는 치명적인 단점도 있다. 앱 다운로드 마케팅을 통해 보상받은 사람의 대부분은 보상 지급 후 바로 앱을 삭제하기 때문에 앱의 잔존율이 현저히 낮게 나온다. 앱이 우수하여 상위 랭크 중에 자연 다운로더가 많은 경우에는 장기간 상위권을 유지할 수 있지만 그렇지 않은 경우에는 며칠 후 바로 순위가 하락하기도 한다.

CPI와의 혼동

일부 사람들은 보상형 마케팅을 CPI라 부르기도 한다. CPI는 Cost Per Install, 즉 설치당 비용을 의미한다. 즉, 어떻게 설치하느냐의 방식이 아닌 과금에 대한 기준이다.

심지어는 기사를 쓰는 기자들도 CPI에 대한 정확한 개념 없이 리워드 마케팅=CPI로 혼동하는 경우가 적지 않다. 과거 키워드 검색광고는 모두 클릭당 요금을 지급하는 오버추어$_{overture}$ 광고로 오인되었던 경우와 비슷하다고 볼 수 있다.

정리하면, 보상형 CPI가 300원이라고 한다면, 이는 보상형 마케팅을 통한 설치당 비용이 300원이란 의미이고, 무보상형 CPI가 1,000원이라고 하면, 이는 무보상형 마케팅을 통한 설치당 비용이 1,000원이란 의미이다.

3.3 보상형 마케팅의 종류는?

초기 보상형 마케팅은 게임 앱에 한정되어 운영되었다. 게임 내 포인트 충전소의 개념으로, 게임 아이템의 구매비율을 높이기 위하여 이용자에게 특정 미션을 제공하고, 이에 대한 대가로 아이템 구매에 필요한 포인트를 지급하는 방식으로 많이 적용하였다.

이 방식이 점차 진화하여 돈 버는 앱이라는 개념으로 확장되어 지금의 보상형 마케팅으로 변화하게 되었다.

형태적으로 구분한 보상형 마케팅

보상형 마케팅을 형태적으로 보면 크게 잠금해제형, 리스트형, 충전소형으로 나눌 수 있다.

1) 잠금해제형

잠금해제형에는 대표적으로 캐시슬라이드, 허니스크린, 애드슬라이드, 라떼스크린 등이 있으며, 보상형 마케팅 중에 사용자층이 가장 많다. 스마트폰의 잠금화면을 활용함으로써 별도의 앱 실행 없이 바로 마케팅에 참여할 수 있는 장점이 있다.

그림20. 잠금해제형 리워드 앱

광고주 입장에서도 화면 전체를 활용함으로써 시각적인 효과를 얻을 수 있어 가장 선호하는 형태이다. 또한, 이 잠금해제형은 스마트폰 사용성에 크게 지장을 주지 않고, 광고뿐 아니라 유용한 콘텐츠와 생활 정보를 적절히 노출함으로써 이용자에게 유용한 정보를 제공하는 툴로도 사용되고 있다.

2) 리스트형

리스트형은 리워드 앱 내에 리스트 방식으로 광고를 노출하여 앱 설치 및 앱 실행을 유도하는 형식이다. 광고 개수에 제한이 없어 한 명의 사용자가 많은 수의 마케팅에 쉽게 참여할 수 있으며, 별도의 디자인 요소가 필요하지 않기 때문에 간단하게 광고를 집행할 수 있는 장점이 있다.

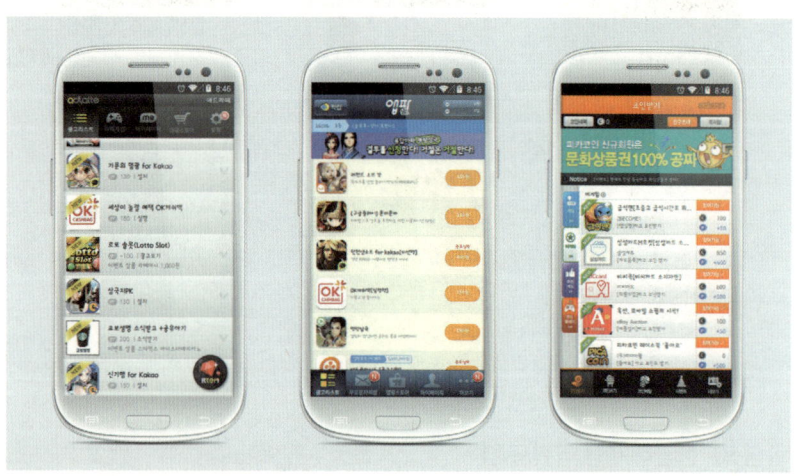

그림21. 리스트형 리워드 앱

리스트 형의 경우에는 보상을 목적으로 접속한 사용자의 성향 때문에 설치율이 높은 편이지만 노출을 통한 브랜딩 효과는 낮으므로, 마케팅 참여 후 잔존율이 잠금해제형에 비해서 낮게 나오는 경향이 있다.

3) 충전소형

충전소 형은 앱 내 아이템 충전소에서 설치 유도 후 대가를 지급하는 마케팅 방식이다. 게임 내 아이템 구매를 위한 충전소가 있어 아이템 구매에 필요한 포인트를 특정행위에 대한 대가로 지급하는 형태이다. 카카오게임이 수익모델의 하나로 이러한 충전소 방식을 채택함으로써 게임 내에 보상형 마케팅이 활발해 지고 있다.

그림22. 충전소형 리워드 서비스

게임 앱 이외에도 앱 내에 충전소 형태의 포인트 샵이 있다면, 보상형 마케팅과의 연계가 가능하다. 대표적으로 폰꾸미기 앱인 폰테마샵에서는 콩알샵이라는 프리미엄 테마 제공샵을 만들고, 보상형 마케팅에 참여하면 프리미엄 유료 테마를 제공해 주는 방식을 채택하고 있다.

3.4 보상형 마케팅의 구체적 방법과 사용자 반응은?

지금까지 보상형 마케팅의 서비스 형식을 살펴보았다면, 이제는 어떤 앱 마케팅 방법이 있는지를 살펴보도록 하겠다.

보상형 마케팅 초기에는 단순 설치형이 주를 이루었다. 특정 앱을 설치하기만 하면 바로 보상을 제공해 주는 방식으로써 별도의 SDK 연동 없이 쉽게 마케팅이 진행되었다. 하지만 이러한 방식은 돈버는 앱들이 보상형 마케팅의 주류를 이루면서 문제가 발생하기 시작했다. 대다수 사용자가 앱 설치 후 한 번도 켜지 않고 바로 삭제하는 것이다.

이후 나타난 방식이 실행형이다. 이는 앱 설치 후 한 번의 실행이 있어야만 보상이 지급되는 방식인데, 이를 적용하기 위해서는 광고주 앱에 별도의 SDK를 삽입해야 하는 번거로움이 있다. 하지만 같은 금액으로 설치형과 실행형을 집행했을 때, 실행형이 순위상승에 효과적이라는 것이 검증된 이후에는 실행형을 더 선호하는 광고주가 많아졌다.

설치형과 실행형, 이 2가지 방법이 보상형 마케팅의 90% 이상을 차지하지만, 점차 마케팅의 목적이 세분되면서 아래와 같은 다양한 기법의 보상형 마케팅도 서비스되고 있다.

- CPK_{Cost Per Kakao} (카카오 로그인형) : 카카오 게임이 주 광고주가 되면서, 카카오 게임 시작 시 로그인까지의 실행을 유도하는 방식이다.

- CPF_{Cost Per Follow up} (후속 실행형) : CPE_{Cost Per Execute} (앱 실행형) 상품과 통합 진행으로 앱 설치 및 첫 실행 이후 반복적인 앱 실행을 유도하는 방식이다.

- CPP_{Cost Per Play} (플레이 유도형) : 앱 설치 후에 일정 기간 유저의 앱 실행을 유도하는 방식이다. DAU_{Daily Active Users}, 즉 하루 동안 서비스를 이용한 순 사용자 수를 증가하게 하는 방식이다.

- CPL_{Cost Per Level} (레벨 달성형) : 15분 / 30분 플레이에 설정된 레벨을 달성하는 유저에게 리워드를 제공하는 방법으로 알짜 사용자들을 확보하는 데 효과적인 방식이다.

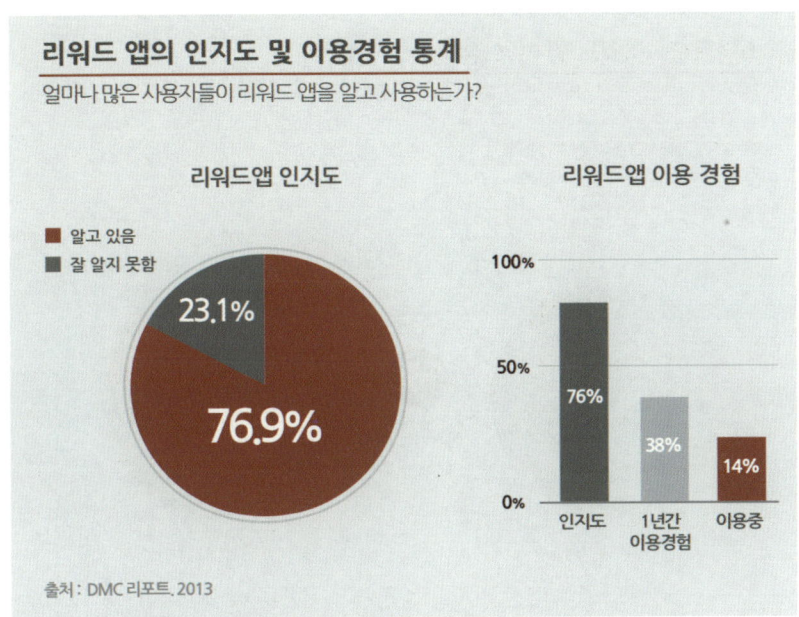

그림23. 리워드 앱의 인지도 및 이용경험 통계

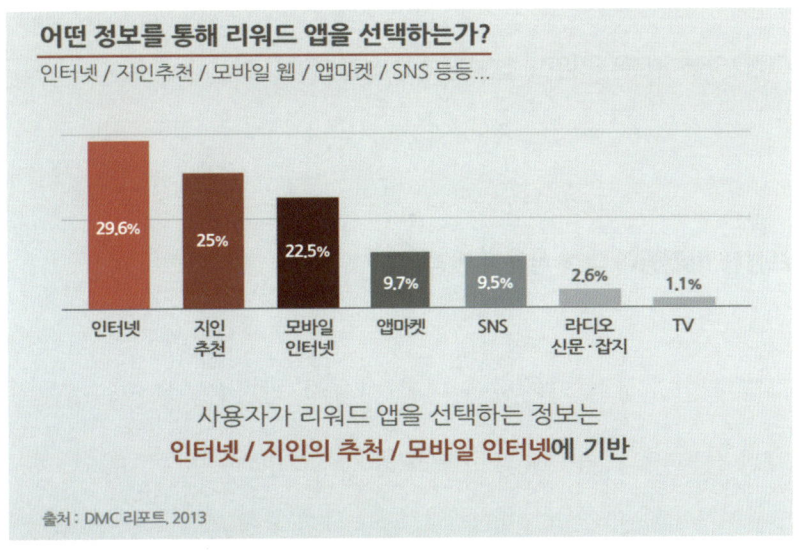

그림24. 어떤 정보를 통해 리워드 앱을 선택하는가?

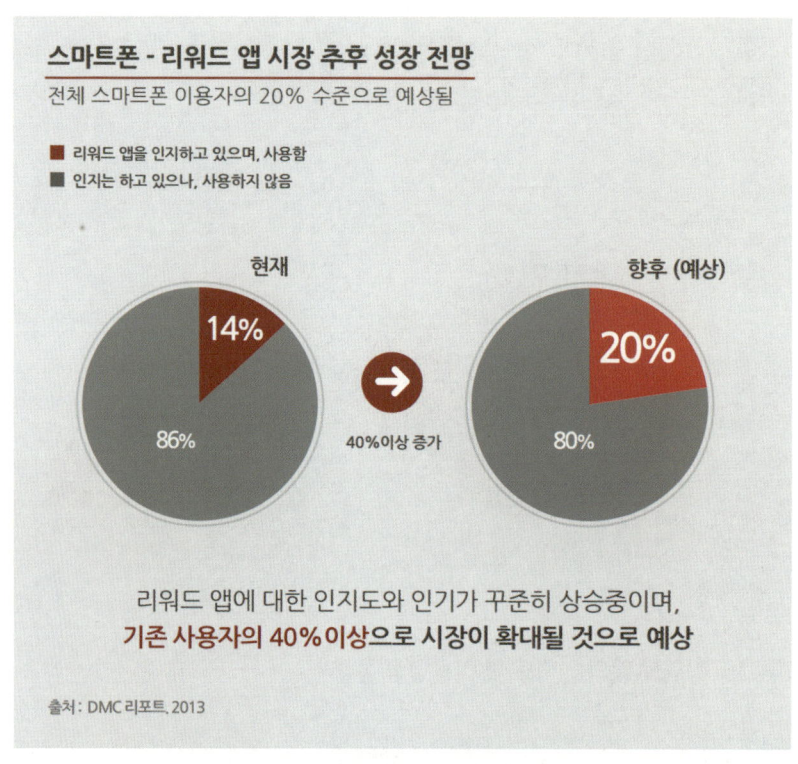

그림25. 스마트폰-리워드 앱 시장 추후 성장 전망

보상형 마케팅에 대한 사용자 반응은?

그렇다면 보상형 마케팅에 대한 사용자 반응은 어떠하며, 누가 리워드 앱을 통해 보상형 마케팅에 참여하는 걸까?

그림 23의 보상형 마케팅과 관련해 DMC 리포트가 조사한 분

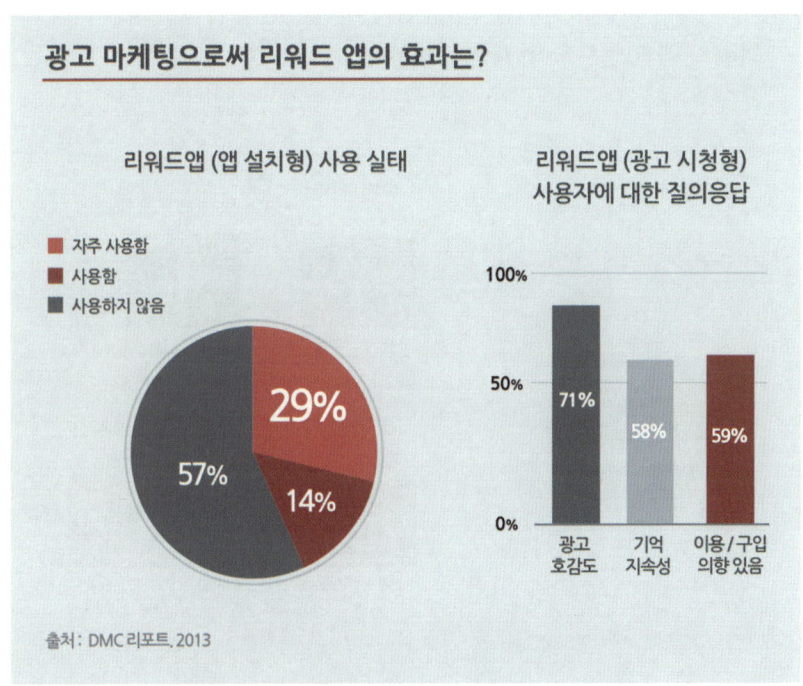

그림26. 광고 마케팅으로써 리워드 앱의 효과는?

석 결과를 보면, 스마트폰 이용자의 10명 중 7명 이상이 리워드 앱을 인지하고 있으며, 스마트폰 이용시간이 길고, 이용 앱이 많을수록 인지도가 높다는 것을 알 수 있다.

또한, 스마트폰 이용자의 38%가 최근 1년간 리워드 앱을 이용한 경험이 있고 현재 이용률은 14%이며, 이용경험은 인지도와 유사한 패턴을 보이지만 남자보다는 여자가 다소 많이 이용하고 있다.

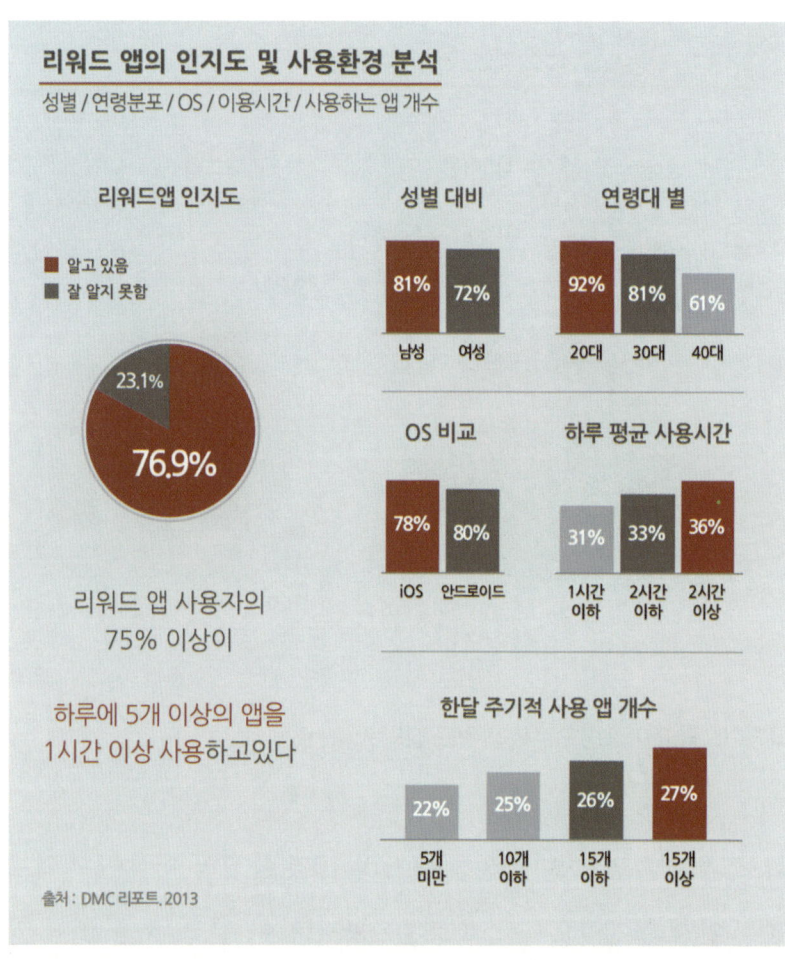

그림27. 리워드 앱의 인지도 및 사용환경 분석

그뿐만 아니라 리워드 앱은 전파력도 커서 주변에 추천하는 이용자도 상당수 발생하고 있으며, 리워드 앱 이용자의 43% 이상이 추천 경험을 가지고 있다고 한다.(그림 29) 보상형 마케팅의 매체가 되는 리워드 앱들이 자사 앱 마케팅에 흔히 사용하는 마

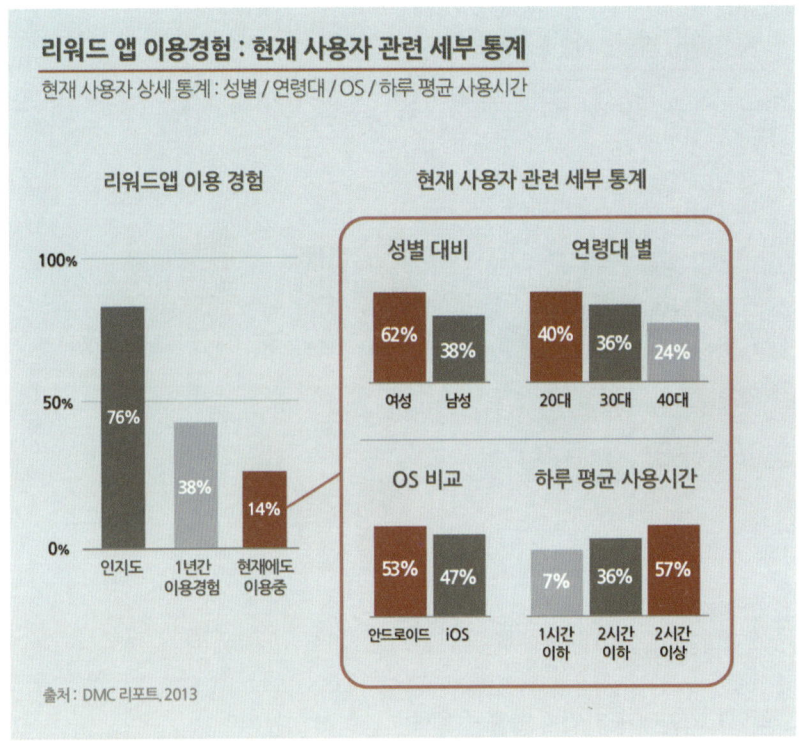

그림28. 리워드 앱 이용 경험

케팅 기법이 추천인 보상인 점을 고려한다면 타인추천 의향 지표가 높은 것은 당연할 수 있을 것이다.

이처럼 보상형 마케팅은 튼튼한 골조와 사용자의 입소문을 바탕으로 지속적인 성장세를 보이고 있으며, 현재 리워드 앱에 대한 만족도 관련 지표로 봤을 때에도 전반적으로 높은 수준으로 나타나고 있다.

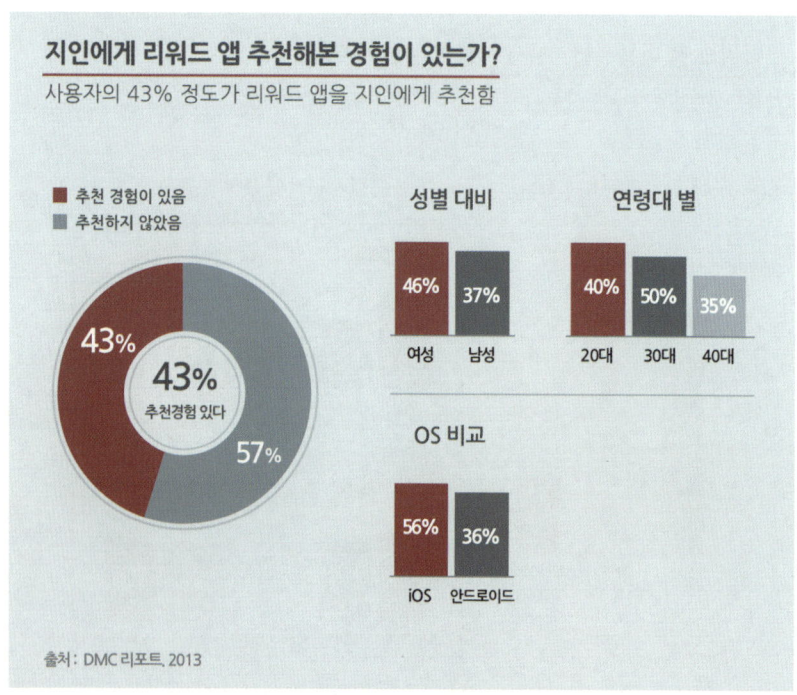

그림29. 지인에게 리워드 앱을 추천해본 경험이 있는가?

여러 앱 마케팅 방식 중에서 소위 가장 잘 나가는 보상형 마케팅도 시장의 위험요소는 있다. 보상형 마케팅의 주 이용 광고주인 대형 게임사들이 이미 자체 사용자 풀을 확보한 이상, 과거처럼 무조건적인 마케팅을 진행하지 않을 것이라는 전망이 있다.

주요 보상형 마케팅 회사들이 무보상형 마케팅과의 연계를 준비한다는 것이, 이미 보상형 마케팅 시장이 정점을 찍은 것이 아니냐는 분석에 설득력을 더하고 있다.

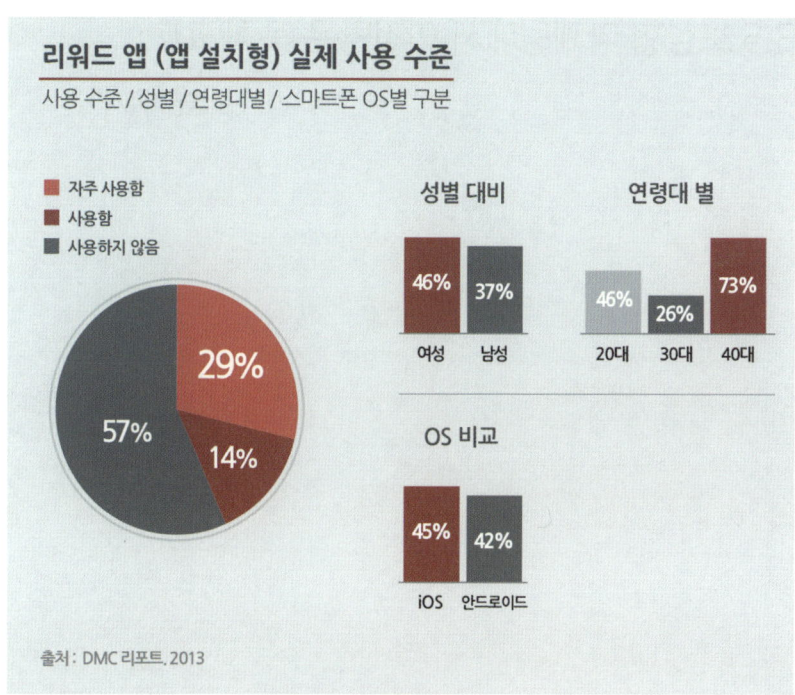

그림30. 리워드 앱(앱 설치형) 실제 사용 수준

3장 순위를 올리는 앱 마케팅 "보상형 마케팅"

3.5 보상형 마케팅에서 이것만은 꼭 체크!
- "중복제거"

시장에는 이미 보상형 마케팅을 실행해주는 리워드 앱과 보상형 네트워크 회사들이 있다. 과거에는 개별적으로 리워드 앱에 마케팅하던 시기가 있었으나, 사용자들이 중복됨으로써 효율이 낮아지는 현상이 나왔고, 이에 이들 리워드 앱들을 하나로 연동한 보상형 네트워크사들이 새로이 등장하게 되었다.

과거 여러 리워드 앱들을 순차적으로 프로모션하는 경우가 많았는데, 예를 들어 어떤 앱을 A라는 매체와 1차 마케팅을 하면 처음에는 효과가 잘 나오지만, 일정 시간이 지나서 B라는 매체하고 1차 마케팅했던 것을 기대하면서 다시 집행하면 첫 번째만큼의 성과를 얻지 못한다.

물론 3차는 성과가 더 안 나온다. 이유는 1차, 2차, 3차 때 했던 매체들을 이용하는 유저들이 대부분 비슷하기 때문이다. 체리피커cherry picker로서 보상을 받기 위해 앱을 설치하는 사람들이기 때문에 1차에 설치할 때는 구글 순위에 반영이 잘 되지만 2차에 또 설치할 경우 신규 유저가 아닌 기존 유저로 인식되기 때문에 이런 마케팅은 피해야 한다.

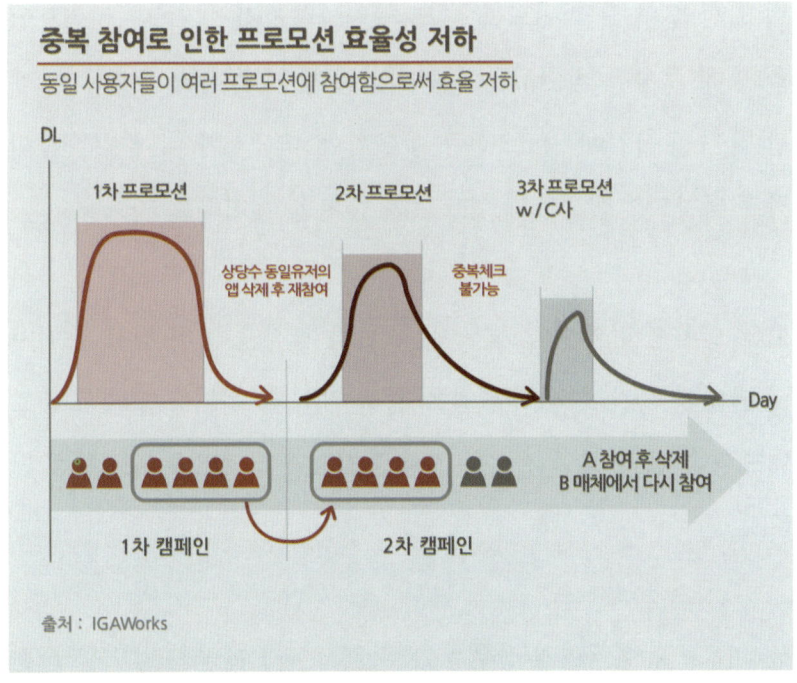

그림31. 중복 참여로 인한 프로모션 효율성 저하

시장에선 주요 돈 버는 앱(일명 리워드 앱)의 중복률이 약 30% 정도에 달하는 것으로 알려져있다.

위와 같은 비효율성을 없애기 위해 나타난 것이 보상형 네트워크 회사들이며, 대표적인 TNK, IGAWorks 외에도 대형 게임사들이 직접 보상형 네트워크를 구축하는 사례가 늘어나고 있다.

보상형 네크워크사들의 시스템 구조는 의외로 간단하다. 네트워크사 시스템을 중심으로 제휴된 각 리워드 앱과 상호 통신 신호 교환을 통해 리워드를 받으려는 사용자가 이미 타 리워드앱을 통해 보상을 받아갔는지를 확인하여 기 보상자의 경우 마케팅 참여를 사전에 막고, 신규 참여자에 대해서만 마케팅에 참여하고 리워드를 받아가게 함으로써 중복을 제거하는 것이다.

보상 설치형 마케팅의 경우에는, 위의 과정을 거쳐 신규 참여자로 판명된 사람이 광고주 앱을 설치하면, 각 리워드 앱에서 네트워크사에 설치 확인 신호를 보내줌으로써 리워드를 지급하게 된다.

하지만 보상 실행형의 경우는, 네트워크사가 제공한 SDK를 사전에 광고주 앱에 장착시켜야 하며, 신규 참여자가 앱을 설치하고

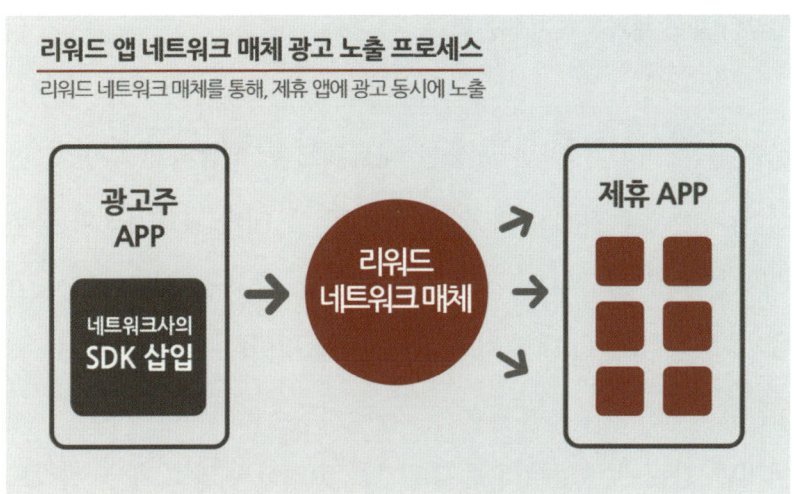

그림32. 리워드 앱 네트워크 매체 광고 노출 프로세스

실행했을 때의 신호를 직접 받아서 사용자에게 리워드를 지급하는 방식이다. 광고주 앱에 SDK 삽입이 어려운 경우에는 상호 서버 통신을 통해 설치 실행신호를 잡아서 연동하는 방법도 사용한다.

일부러 중복 제거를 하지 않는다?

중복을 제거하기 위해 보상형 네트워크를 이용하게 되면 그만큼 단가가 올라가게 된다. 개별 리워드 앱 대비 네트워크의 경우 CPI당 50원 정도의 차이를 보이고 있다. 중복을 제거하면서 얻을 수 있는 효율에 대한 대가로 봐야 할 것이다.

하지만 최근에는 일부러 중복제거를 고려하지 않고 개별 리워드 앱을 사용하는 경우도 종종 발생하게 된다. 이유는 첫 번째로 단가가 저렴하다는 것과 두 번째로 굳이 보상형 네트워크를 사용할 만큼의 많은 물량이 필요하지 않기 때문이다.

첫 번째의 경우는 개별 단가는 저렴하지만, 중복제거 없이 진행했을 때의 비효율성으로 인한 문제발생 소지가 상당히 크다. 특히 리워드 앱 간의 중복제거는 필수라고 봐야 한다. 굳이 저렴한 단가로 여러 매체를 중복으로 집행하고자 한다면, 게임 내의 충전소 및 프리미엄 서비스의 리워드 등 서로 다른 성격의 사용자를 가진 매체들을 통해 중복제거 없이 집행할 것을 권하고 있다.

두 번째의 경우, 필자는 보상형 마케팅을 원하는 모든 광고주에게 보상형 네트워크를 권하지 않는다. 카테고리 상위 순위가 목적이면서 적은 수량만으로도 충분히 목표 달성이 가능한 경우, 개별 리워드 앱을 통해 집행하여 투입비용을 낮추고 있다. 하지만 장기적이고 다량의 마케팅이 주기적으로 발생할 가능성이 큰 경우에는 네트워크를 사용할 것을 권장하고 있다.

보상형 마케팅 통계 : 보상형의 잔존율에 대한 설명

많은 사람이 보상형 마케팅을 통해 유입된 사용자들의 잔존율에 대해 많이 궁금해 한다. 필자가 운영하는 회사에서는 이런 질문에 대한 대답을 정해 놓았다. 아무것도 남는 것이 없다고 생각하시라고 대답한다.

실제 보상형 마케팅의 잔존율도 앱에 따라 천차만별이다. 필자가 겪어본 보상형 마케팅의 7일차 잔존율은 최저 1%에서 최고 35%까지였다. 대부분은 3%~6% 정도라고 생각하면 90% 이상은 맞을 것이다.

보상형 마케팅을 통해서 순위를 올리고, 상위 순위를 통해 유입되는 자연 다운로더를 타겟으로 생각하자고 한다. 많은 기대치를 가지고 접근하면 그만큼 실망도 크기 때문이다.

그렇다고, 잔존율을 무시하자는 것은 결코 아니다. 많은 수량을 집행할 경우, 잔존 사용자 수도 만만치 않을 것이고, 잔존 비율을 높이는 것이 앱 마케팅의 효율을 극대화하는 방법이기도 하기 때문이다.

다만, 맹목적으로 어떤 리워드 앱이 다른 앱에 비해 잔존율이 몇 배나 높다더라, 어떤 리워드 앱은 잔존율 20%는 무조건 나온다더라 하는 이야기는 믿지 말자는 것이다. 잔존율을 높이는 노력은 해야 하지만, 전체 대비 1%나 2%로 별 차이가 아니라는 이야기다.

보상형 마케팅에도 타겟팅이 가능하다

앞서 언급한 보상형 마케팅의 잔존율을 높이는 방법은 무엇이 있을까? 혹자는 어차피 보상을 받는 사용자이기 때문에 잔존율을 임의로 높이는 것은 불가능하다고 한다. 하지만 경험상 딱히 그런 것만도 아니다.

필자의 경우 실무에서 최근 진행하는 보상형 마케팅의 50% 정도는 타겟팅을 하고 있다. 사용자 수가 많은 리워드 앱과의 제휴를 통해, 동일 금액으로 광고 앱의 주 타겟층을 잡고 이들에게만 집중 마케팅을 하는 것이다. 내비게이션 앱의 경우는 30~50대 남성들을 대상으로만 진행하고, 스포츠 RPG 게임의 경우는 남성들을 대상으로 저녁 시간에만 마케팅을 진행하는 것이다.

이렇게 하면 아주 조금이라도 잔존율이 높아지지 않겠는가?

3.6 보상형 마케팅의 실제 사례

중복을 제거하지 않은 보상형 마케팅

앞에서 이야기했듯이, 보상형 마케팅 초기에는 중복제거의 개념이 없었기 때문에 당시 많은 마케팅 물량이 필요한 회사들은 개별적으로 중복제거 없이 마케팅을 진행하였었다. 이후 2012년 중반부터는 대형 모바일 회사들부터 점차적으로 보상형 네트워크를 사용하고 있다.

알면서 또 다른 목적을 가지고 개별 집행한다면 문제되지 않겠지만, 모르고 집행한다면 이는 비효율적인 앱 마케팅 집행의 대표 사례가 될 것이다.

2013년 국내 쇼셜 쇼핑몰 중의 하나인 A사는 보상형 마케팅을 집행하였다. 수억 원의 마케팅 비용을 집행하는 담당자임에도 보상형 마케팅의 중복제거 개념을 알지 못했고, 찾아온 여러 리워드 앱들에게 개별적으로 마케팅을 집행하게 된 것이다.

결과는 누가 봐도 뻔하다. 처음 시행한 리워드앱은 성과가 잘 나오는 앱으로 평가받고 이후 2번째, 3번째 앱들은 단계적으로 성과가 좋지 않은 앱으로 평가받게 된 것이다.
물론 A사는 이후에 이러한 정보를 접하게 되었고, 이후에는 보상형 네트워크사와의 제휴를 통해 중복을 제거하는 마케팅을 진행하게 되었다.

보상형 마케팅에서 물량 확보는 필수적이다

이 사례는 국내 보상형 마케팅 회사인 B사와 관련된 사례이다.
광고주 C사는 보상형 마케팅을 집행하기 위해 B사에 상담을 문의했고, 20만 건의 보상형 마케팅을 집행하기로 합의했다. 한때 잘 나가던 B사는 과거 최대 집행실적인 30만 건 이상의 실적도

가지고 있었지만, 실제 집행에는 15만 건을 채 채우지 못한 것이다.

보상형 마케팅 채널이 시장 정점을 지나고 다양한 광고형태로 채워지면서 보상형 앱 마케팅의 최대 물량이 갈수록 줄어들고 있는 것이 현실이다. 상당한 수의 물량을 집행할 때에는, 과거 최대치를 근거로 집행해서는 안될 것이다. 결국, 모자라는 부분은 중복 제거 없이 타 매체를 또 집행해야 하는데, 이때에는 이미 상당수가 리워드를 받아간 중복 유저로 보아도 무방할 것이다.

많은 물량을 1회 혹은 2, 3회에 나누어 집행할 계획이라면, 단가가 오르더라도 장기적인 안목에서 접근해야 할 것이다. 보상형 매체가 많은 물량에 대한 영업적인 니즈가 있으니 당연히 우호적으로 설명해 주겠지만, 물량 보장에 대한 내용에 대해선 절대 계약서에 적지 않는 것은 나름의 이유가 있기 때문일 것이다.

순위 상승을 위해서는 실행형이 더 유리하다

보상형 마케팅에서 동일한 예산으로 집행했을 때, 단가가 저렴한 설치형과 조금은 더 비싼 실행형 중에 어떤 방법이 더 높은 순위 랭킹이 가능할까? 답은 실행형이다.

구글플레이의 순위 로직에서 설치가 많은 비중을 차지하는 것은 맞지만, 설치 후 실행으로 이어지는 부분에 더 많은 가중치를 주는 것으로 알려져 있다.

앞서 설명한 대로, 설치형은 별도의 작업이 필요하지 않지만, 실행형의 경우에는 광고주 앱에 SDK를 탑재해야 하는 번거로움이 있다. 순위 상승만을 위해 보상형 마케팅을 집행하는 경우에는 조금은 번거롭고 시간이 소요된다 하더라도 실행형으로 집행하라고 권하고 있다.

많은 사람이 설치형이 저렴하니 같은 예산으로 더 많은 설치가 일어날 것이고 그런 이유로 더 높은 순위로 오를 것이라고 생각하는데 적어도 현재의 구글플레이 순위 로직에서는 결코 그렇지 않다.

국내 최대 쇼핑앱 중의 하나인 D사는 2013년 상반기, 앱내의 SDK 장착이 내부 조직구조상 어려움이 있다 하여 일단 설치형으로 집행하게 되었다. 당시 순위는 전체 무료인기 50위까지 올라가게 되었다. 투입된 비용 대비 순위가 만족스럽지 못하여 이후 SDK를 장착하고 비슷한 비용으로 실행형 마케팅을 집행하였고, 최고 순위 20위까지 상승하는 결과를 낳았다.

보상형 마케팅의 타겟팅 사례

앞서 보상형 마케팅도 타겟팅이 가능하다고 하였다. 보상형 마케팅의 주 목적은 단기간의 순위 상승 또는 순위 유지가 목적일 것이다. 잔존하는 사용자들의 비율은 많이 낮을 것이라는 것은 이제 다 이해되는 부분일 것이다.

보상형 마케팅의 집행 물량이 적다면, 굳이 해당 리워드 앱의 전체 사용자를 대상으로 집행하지 않아도 될 것이다. 그렇다면, 이 경우에는 낮은 잔존 사용자의 비율을 높이는 것이 또 다른 마케팅 효율 극대화의 방법이 될 수 있다.

보통은 최상위 순위 상승보다는 카테고리별 순위 유지를 목적으로 하면서 자주 사용된다.

과거에 내비게이션 앱을 교통 카테고리 상단과 검색 결과 상단에 노출시키는 것을 목적으로 보상형 마케팅을 진행하였다. 매일 3,000개씩의 물량 소진을 목표로 1차로 30대~50대 남성만을 대상으로 마케팅을 집행하였고, 이후 물량 소진이 늦어지는 시기에는 20대 이상의 모든 남성을 대상으로 마케팅이 진행되었다. 전체 남녀를 대상으로 집행한 조건의 비교대상을 찾을 수는 없지만, 보상형 마케팅 치고는 상당히 높은 잔존율과 실행률을 나타내고 있다는 광고주의 답변을 들을 수 있었다.

실행형 SDK는 바로 집행하지 마라

기존에 사용 중인 앱에 대해 보상형 마케팅을 실행형으로 집행할 때 종종 발생하는 내용이다. 항상 마케팅을 앞두고는 거의 모든 회사가 바쁘게 돌아간다. 개발에 일정이 밀리고, 정해놓은 마케팅 일정은 다가오게 된다.

실행형을 위해 SDK를 장착하고 업데이트시키면, 바로 마케팅을 집행하기 일쑤다. SDK를 삽입하는 이유는 SDK가 설치된 이후

최초 실행시 서버로 신호를 전송하도록 하는 것이다. 이 신호를 기반으로 리워드 대상자인지 아닌지를 구분한다.

하지만, 별도의 개발작업 없이는 SDK가 기존 사용자인지, 신규 앱 설치자인지 구분할 수가 없다. 결국, 기존 설치자가 리워드앱을 통해 광고주앱을 업데이트한다면 이는 리워드 대상이 되는 것이다. 기존에 잘 쓰던 사용자에게 리워드를 주려고 마케팅을 진행한 것은 아니지 않는가?

필자가 운영하는 회사에서는 실행형의 경우, SDK 장착 업데이트 이후 3일 이내는 마케팅을 집행하지 않는다고 내부적으로 정해놓았다. 단, 별도 개발을 통해 업데이트 사용자들에게는 SDK가 초기 신호를 보내지 않게 하는 개발작업을 완료된 경우는 예외로 하고 있다.

하지만 특별한 목적성을 가지고 있다면, 위 사례가 꼭 나쁜 것만은 아니다. 보통의 사용자들은 한때 잘 사용하던 앱도 일정기간을 사용하지도 그렇다고 삭제하지도 않고 가지고 있는 경우가 많이 있을 것이다. 이런 경우 해당 앱을 마케팅 하게 되면 앱을 잊고 있던 사용자가 다시 앱을 활발하게 사용하게 되는 계기가 되기도 한다.

결국 같은 방식의 마케팅을 집행하더라도, 앞으로 예상되는 일을 예측해서 집행하느냐 아니면 알지 못한 채 집행하느냐의 차이일 것이다. 이렇듯 그때그때 사례가 다르기 때문에 큰 비용이 투여되는 마케팅에서는 필히 전문 앱 마케팅 회사와의 협력이 필요하다.

3.7 보상형 마케팅 Q&A

보상형 마케팅과 관련하여, 많은 사람으로부터 공통으로 질문받았던 내용을 다음과 같이 Q&A 형식으로 정리해 보았다.

Q1. 보상형 마케팅에서 앱의 순위를 많이 강조하는데, 왜 그럴까?

A1. 위의 내용에서도 이야기했듯이 보상형 마케팅을 통해 유입된 사용자들은 순수하게 앱에 대한 관심보다는 보상에 대한 요구가 강하고 그 목적이 달성되면 미련없이 앱을 삭제하는 비율이 높다. 그래서 대부분의 보상형 마케팅 집행은 보상을 받아가는

사람보다는 짧은 기간의 많은 다운로드를 통해 얻을 수 있는 순위 상승의 효과를 보고자 하는 것이다. 상위 순위는 필연적으로 오가닉 유저들을 동반하게 된다.

일반적으로 전체 인기 무료의 상위에 랭크되어 있을수록, 순위를 보고 자의적으로 다운받는 오가닉 유저가 급격하게 증가하게 된다. 카테고리별 순위도 마찬가지이고, 관련 검색 시에도 상단에 노출될 가능성이 아주 높다.

어정쩡한 순위보다는 해당 카테고리별 최상위 순위 또는 전체 인기 순위를 목표로 보상형 마케팅이 이루어지기 때문에 앱의 예상 순위와 보상형 마케팅은 밀접한 연관 관계를 맺고 있다고 할 수 있다.

Q2. 순위 상승의 요소에는 어떤 것들이 있을까?

A2. 구글 플레이의 순위를 올리기 위해서, 어떤 순위 로직이 적용되는지를 알아야 한다. 온라인의 검색 마케팅을 보면, 수많은 사람이 네이버의 검색 노출 로직을 알기 위해 노력하지만, 대부분은 정확한 로직을 알지 못한다. 구글 플레이의 순위 역시 대부

분 사람들은 정확한 로직을 알 수 없는 것이 현실이다.

하지만 앱의 순위가 앱 마케팅의 핵심이 될 정도로 중요한 만큼, 앱 마케팅을 대행해 온 경험을 통해서 어떤 요인들이 순위에 영향을 미치고, 또 어떤 요인들이 더 많은 가중치를 가지고 있겠다는 것을 유추할 수는 있다. 특히, 앱 순위에 대한 부분을 전문적으로 분석하는 해외 기업의 경우에는 순위 로직이 변경된 지 며칠만 지나면 중요 요인 대부분은 찾을 수 있다고 한다.

현재까지 파악된 순위에 영향을 미치는 요인을 이야기해 보면, 순위에 가장 직접적으로 많이 영향을 미치는 것이 최근 며칠 사이의 신규 설치 수이다. 그다음 영향을 미칠 수 있는 것들에는 앱 실행을 얼마나 자주 하는지, 앱을 삭제하지 않고 유지하고 있는지, 앱에 대한 리뷰 평가는 어떠한지 등의 요소들이 합쳐져서 순위가 매겨지는 것으로 알려져있다.

실제로 보상형 마케팅을 하다 보면 위와 같이 설치형과 설치&실행형이 있는데 같은 금액으로 마케팅 집행 시 설치&실행형이 기본 설치형보다 개수는 더 적지만 순위에는 훨씬 더 큰 영향을 미치고 있는 것을 알 수 있다. 그것을 거꾸로 생각하면 앱 설치 후 한 번이라도 실행했을 때가 단순 설치형보다 훨씬 많은 가중치를 주고 있다고 유추할 수 있을 것이다.

그럼, 업데이트는 순위에 영향을 미칠까? '카카오톡'을 생각해 보라. 한번 업데이트를 하면 2~3일 이내에 수 천만 번의 업데이트가 발생하지만 이로 인한 순위 상승은 나타나지 않고 있다. 그렇다면, 적어도 업데이트는 순위 상승에 의미 있는 영향을 미치는 요인은 아니라고 단정 지을 수 있을 것이다.

Q3. 구글 플레이의 예상 순위를 어떻게 알 수 있을까?

A3. 구글 플레이는 순위 로직에 의해 순위가 결정되지만, 순위라는 것은 상대적이기 때문에 정확히 예상하는 것은 불가능하다. 다만, 마케팅 집행 전 예상 순위를 목표로 진행하는 경우가 많으므로 과거의 앱 마케팅 경험을 토대로 어떤 규모의 예산이 집행되었을 경우 어느 정도의 신규 다운로드가 발생할 수 있으며, 그 결과로 대략 어느 정도의 순위에 오를 수 있을지 유추하는 것이다.

포커스엠이 과거에 집행한 보상형 마케팅 사례 50여 건을 분석해본 결과 아래와 같은 일 다운로드 수 대비 예상순위를 만들어

보았다.

이 또한 다운로드 이외의 순위에 영향을 미치는 다른 요인들이 배제된 점과 순위라는 상대적인 변수를 고려하지 않은 내용이기 때문에 참조용으로만 활용되었으면 한다

일 다운로드별 예상순위
국내 구글 플레이의 인기 무료 예상 순위임

일 다운로드 수	예상 전체 순위
약 4만	약 15 ~ 25위
약 2~3만	약 25 ~ 50위
약 1만	약 80위
약 8천	약 100위

그림33. 일 다운로드별 예상순위

Q4. 카테고리의 순위도 예상할 수 있는 것일까?

A4. 앞서 말했듯이, 구글플레이의 전체 순위 로직을 알 수 없기에 카테고리 순위 로직 또한 정확히 알 방법은 없다. 다만, 앞선 질문의 대답처럼 전체 순위에 대한 예상은 가능하고, 이를 이용해 카테고리별 예상 순위 또한 대략적인 예측이 가능하다.

예를 들어, 교육 앱을 마케팅한다고 가정해 보자. 목표는 교육 카테고리에서 1~2위 하는 것이 목표이다. 과연 어느 정도의 물량을 투여해야 해당 카테고리 최상단에 오를 수 있을까?

일단 현재 교육 카테고리의 1위 앱인 A앱과 2위 앱인 B앱의 전체 순위를 살펴보자. 현재 A앱은 전체순위 50위이고, B앱은 전체순위 67위이다. 그렇다면 해당 카테고리에서 1~2위를 하기 위해선 전체 순위에서 최소 66위 이내에 들어가는 것을 목표로 하여 마케팅 물량을 준비할 수 있다.

하루 평균 다운로드 수가 2만 건으로 전체 순위가 50위를 예상할 수 있으니, 2만 건씩 4일 정도 집행을 목표로 마케팅 계획을 세울 수 있다.

Q5. 보상형 마케팅 집행 후의 오가닉 유저 수를 예상할 수 있을까?

A5. 많은 사람이 이 질문을 하면서 궁금해하지만, 집행된 앱에 따라 모두 다르기 때문에 정확히 알 수 없다. 어떤 앱은 보상형 마케팅으로 집행한 물량의 200%~300%가 나오기도 하지만, 어떤 경우에는 10%도 채 나오지 않고 순위가 하락하는 경우도 볼 수 있다.

또한, 정확한 다운로드 수는 광고주 입장에서 민감한 대외비에 해당하므로 많은 정보가 공유되지 않는 것도 사실이다. 마케터 입장에서 유추해 볼 수 있는 것은 상승한 순위가 떨어지지 않고 지속적으로 유지되거나 오히려 추가 상승한다면 이는 상당수의 오가닉 유저가 추가 설치 및 실행을 하는 것으로 볼 수 있고, 3~4일 만에 바로 하락한다면 이는 추가 오가닉 유저의 비율이 낮다고 볼 수 있다.

결국, 이러한 결과는 앱의 우수성에 직결된다고 볼 수 있다. 마케팅을 통해 상승시킨 순위를 더 높게 상승시키기 가장 좋은 방법은 사용자 행태분석을 통한 앱의 우수성을 높게 만드는 것이다.

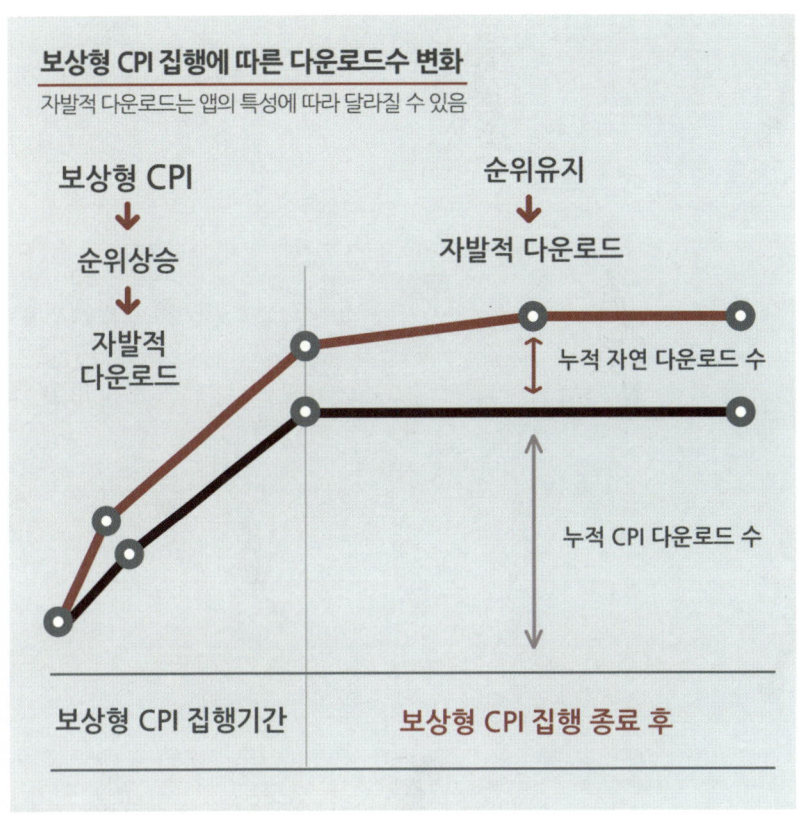

그림34. 보상형 CPI 집행에 따른 다운로드 수 변화

1 2 3 **4** 5 6 7 8

알짜 사용자 확보를 위한
앱 마케팅
"무보상형 마케팅"

4.1 알짜배기 사용자만을 모으다.
4.2 무보상형 마케팅이란?
4.3 무보상형 마케팅의 종류는?
4.4 무보상형 마케팅에서 이것만은 꼭 체크! - "기설치"
4.5 무보상형 마케팅의 실제 사례
4.6 무보상형 마케팅 Q&A

4.1 알짜배기 사용자만을 모으다

앱을 사용하다 보면 여러 종류의 광고를 접하게 된다. 통상 게임 앱보다는 정보제공 서비스 앱의 경우 특히 많은 광고를 노출하고 있다. 앱을 제공해 주는 회사 차원에서는 앱의 운영과 업그레이드 등을 위해서 비용이 발생할 것이고, 대부분 앱 내 광고를 통해 이런 비용을 충당하고 있다.

앱에서 접하는 광고 내용은 다양하다. 개봉을 앞둔 영화 예고편이 나오기도 하고, 특정 시간에 특정 식당에서의 쿠폰이 제공되기도 하며, 최근에 등록된 게임 앱에 대한 광고가 나오기도 한다. 시간이 갈수록 자동차 광고나 보험가입을 소개하는 광고 등

대기업들의 상품광고도 모바일에서 많이 접하게 된다.

광고 내용뿐 아니라, 광고의 형태도 다양하다. 가장 많이 접하게 되는 형태는 역시 앱 하단의 띠 배너 형식이고, 앱 초기 실행 시 전면공지 형태의 광고도 있고, 앱을 종료시킬 때 나타나는 광고도 있다. 심지어는 스마트폰을 처음 구매했을 때, 앱 아이콘 형태로 나타나는 광고도 접할 수 있다.

언급된 다양한 광고 내용이 앱을 소개하는 것이고, 소개된 앱에 관심이 가서 다운받게 된다면 아마도 실제 앱을 사용할 의향이 있기 때문일 것이다. 즉, 앱을 다운받아 실행해 보았는데 기대했던 것만큼의 만족도가 나오지 않으면 바로 삭제할 것이고, 기대했던 것 이상의 만족도가 나온다면 이들은 앱 개발자가 원하는 알짜배기 사용자가 될 가능성이 아주 높아진다.

하지만 이런 알짜배기 사용자들을 모으기 위해서는 통상 큰 비용이 발생한다. 앞에서 접한 대부분의 광고 형태들은 과금의 기준이 클릭이나 노출인 경우가 대부분이다. 보상형 마케팅처럼 설치당 단가로 환산하게 되면 상당히 높은 금액이 산출되는 경우가 많다.

알짜 사용자를 모으는 것은 좋으나, 확정되지 않은 금액을 집행해야 하는 광고주들의 딜레마를 해결하기 위해서, 필자의 경우 실무에서 무보상 CPI 상품을 주력으로 서비스하고 있다. 즉, 알짜배기 사용자를 사전에 확정된 설치당 단가로 마케팅 할 수 있게 해 주는 것이다.

4.2 무보상형 마케팅이란?

앞에서 이야기한 것 같이, 다양한 형태의 앱 광고를 접하고 이에 반응하여 아무런 대가 없이 앱을 설치하게 하는 것을 무보상형 마케팅이라고 한다. 다른 용어로는 넌리워드 마케팅$_{\text{Non-reward marketing}}$, 넌인센티브 마케팅$_{\text{Non-incentive marketing}}$이라고도 한다.

솔직히 너무 많은 앱 마케팅 방법이 존재하기 때문에, 통상 보상형 마케팅을 제외한 모든 앱 마케팅을 무보상형 마케팅으로 볼 수도 있다. 사용자가 보상없이 클릭, 설치 등의 여러 단계를 자의적인 의지만으로 거쳐야 하기에 여러 지표에서 보상형 마케팅과는 확연히 다른 결과를 나타내고 있다.

물론 앱에 따라 다른 결과가 나오기는 하지만 통상적으로, 보상형 마케팅의 7일 차 잔존율이 3%~7% 정도라면 무보상형 마케팅의 동일차 잔존율은 30%~80% 정도 나온다. 10배 이상의 알짜배기 사용자 확보가 가능하다는 의미이다. 일부 앱의 경우는 잔존율이 거의 오가닉 유저와 유사할 정도의 잔존율을 보이기도 한다.

잔존율 지표뿐 아니라 재실행률이나 일별 실행률에서도 진성 사용자의 특성을 따르기 때문에 초기 마케팅 이후에는 주로 무보상형 마케팅을 선호하게 되는 것이다. 국내 대형 앱 회사들을 포함하여 외국의 주요 게임사들은 무보상형 설치당 단가를 아주 중요한 지표로 정하고, 그 단가 이내에서는 무제한 마케팅을 진행하는 경우도 많이 있다.

앞서 잠시 언급한 대로, 국내 모바일 앱 마케팅 시장의 경우도 점점 무보상형 마케팅을 강화하는 움직임이 있다. 보상형 마케팅 사업자들도 무보상형 마케팅을 하기 위한 발 빠른 횡보를 이어가고 있고, 미디어랩사들의 경우에도 무보상형 마케팅을 수행하기 위한 제휴처를 확대하고 있다.

대형 게임 앱에도 해당하지만, 특히 서비스 앱들이 더 많이 무보상 마케팅을 선호하는 경향이 있다. 하나의 서비스 앱으로 지속적으로 앱을 운영해야 하기 때문이다. 보통 대형 서비스 앱들의 경우, 무보상형 마케팅의 목표설치단가에 맞는 마케팅이면 지속적이고 장기적으로 마케팅을 집행하는 경우가 많다.

무보상형 마케팅의 단점을 극복하자

하지만, 무보상형 마케팅에도 단점은 존재한다. 첫 번째는, 보상형에 비해 순간 다운로드 및 설치 가능한 수가 낮을 수 있기 때문에 순위 상승 및 유지를 위한 마케팅과 병행해야 하는 문제이다. 두 번째로는 설치당 단가를 대부분 예측하기 힘들다는 것인데, 마케팅 종료 후 설치당 단가 분석을 해보면 통상 예상보다는 많은 설치단가가 나오는 경우가 대부분이다.

이러한 단점들을 극복하기 위해서는 여러 무보상형 마케팅을 동시다발적으로 집행해야 하며, 예측 불가능한 설치당 단가는 일부 물량에 대해서 사전테스트를 하여 나의 앱이 특정 마케팅을 통해 어느 정도의 설치당 단가가 발생하는지 사전에 필히 확인해 보아야 한다. 하지만 이렇게 집행하기에는 준비와 운영에 많은 시간과 인력을 동원해야 하는 등 또 다른 단점이 발생한다.

필자는 실무에서 무보상형 마케팅을 선호하는 광고주들을 위해 언급된 2가지 단점을 극복하고, 업무 효율성을 높일 수 있는 대안을 상품으로 구성하여 제공해 주고 있다.

첫 번째 단점에 대한 대안으로는, 앞으로 다루게 될 다양한 무보상형 마케팅을 형태별로 네트워크화하여 집행하는 방식이다. 전면노출형 네트워크, 플로팅형 네트워크, 스토어형 네트워크 등 형태별로 유사한 여러 채널을 하나의 상품군으로 묶음으로써 여러 매체를 별도로 집행했을 때 발생할 수 있는 많은 문제점을 보완하여 제공해 주고 있다. 그래서 많은 물량이 필요한 경우 이들 네트워크를 동시에 집행함으로써, 전체 인기순위의 최상단까지는 아니더라도 카테고리 순위의 최상단까지는 올라갈 수 있는 물량을 제공해 주고 있다.

두 번째 단점에 대한 대안은, 개별 매체별로 진행해야만 하는 사전 테스트 없이 무보상 CPI를 적용하는 서비스 제공이다. 서비스앱, 캐주얼성 게임 앱, RPG 등의 몇 가지 유형별로 표준 설치당 단가를 정함으로써, 매체별로 서로 다르게 나타나는 설치단가를 사전에 통일화시켜 보다 안정적이고 효율적인 마케팅이 가능하도록 지원하는 방식이다.

보상형 마케팅에서도 이야기했지만, 무보상형 마케팅에서는 사용자 행태분석을 통한 앱의 우수성 강화를 강조한다. 전문 앱 마케팅사들의 많은 고민을 통해 최고의 앱 다운로드 마케팅 효율을 높인다해도 결국 앱이 우수하지 않으면 유입된 사용자들이 바로 이탈하는 것을 막을 방법이 없기 때문이다.

4.3 무보상형 마케팅의 종류는?

앞서 언급한 것처럼, 무보상 마케팅의 종류는 너무나도 많다. 사용자들에게 직접 보상하지 않는 모든 마케팅을 무보상형 마케팅으로 보면 되는데, 이들 모두를 여기에서 다 설명하기는 힘들고 앱 마케팅, 즉 앱 다운로드에 주로 활용되는 6가지의 마케팅 방법에 대해서만 설명하기로 하자.

참고로 필자가 수년간 실무를 하면서 집행했던 무보상형 마케팅 방법을 보면, 이제 설명할 6가지 마케팅이 전체의 90% 이상, 즉 대부분을 차지하였다.

1) 띠 배너형

앱 마케팅을 떠나 더 큰 개념인 모바일 마케팅의 대표적인 형태가 띠 배너 광고이다. 모바일을 통한 모든 마케팅 방법을 모바일 마케팅이라고 한다면, 띠 배너광고는 모바일 검색광고 등과 함께 모바일을 대표하는 광고 형태임에는 틀림이 없을 것이다. 특히 모바일 초창기에는 모바일 광고=띠배너라고 인식될 정도였으니 그 대표성은 누구도 따라갈 수 없을 것이다. 아래의 DMC 미디어의 조사에서도 배너형 광고에 대한 인지율은 95%에 이른다.

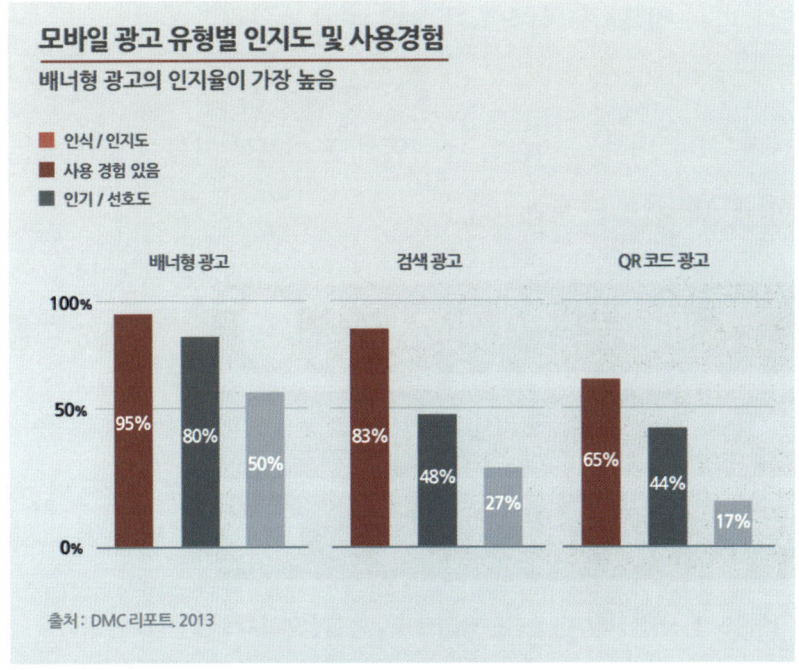

그림35. 모바일 광고 유형별 인지도 및 사용경험

우리는 띠 배너를 통해서 여러 종류의 광고를 접하게 된다. 초기에는 딱 정해진 영역에서만 이미지를 통해 노출되었지만, 점차 애니메이션이 적용되고 띠 배너 영역 밖으로 확대되기도 하고 음성을 이용한 노출에 이르기까지 많이 다양하게 변하고 있다.

띠 배너형 마케팅은 광범위한 사용자들을 대상으로 배너 형식을 통해 마케팅이 진행되는 방식인데, 인 앱$_{in-app}$ 배너로 자체 앱 내에서 롤링 배너를 운영하는 형태로 존재한다. 띠 배너형 마케팅은 광고영역과 노출 시간에 대해 사용자들이 크게 방해를 받지 않는다는 점에서도 선호도가 높은 편에 속한다.

다음의 띠 배너는 버튼을 누르면서 음성인식 기능을 제공하는 띠 배너의 확장된 사례이다.

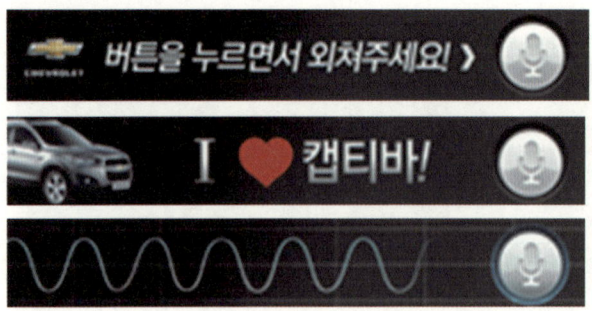

그림36. 음성인식 버튼이 눌려진 상태로 배너가 음성인식 창으로 변환되는 형태

잠시 모바일 마케팅 관점에서의 띠 배너를 살펴보았고, 이제 앱 마케팅에서의 띠 배너에 대해 살펴보기로 하자.

앱에 대한 마케팅이 활성화되면서 띠 배너에 앱을 홍보하는 경우도 많이 늘어나게 되었다. 특히 앱별 타겟팅이 가능한 장점을 이용하여 광고주 앱과 연관성 있는 앱들만을 대상으로 광고를 홍보하는 방식을 자주 사용하였다.

띠 배너 광고가 노출 가능한 범위가 넓다는 이유로 긍정적인 평가를 받고 있지만, 앱 마케팅에서도 최고의 효율을 내는 마케팅 방법일까? 필자의 경험상 극소수의 앱을 제외하고는 그렇지 않다.

띠 배너를 통해 앱 마케팅을 진행하게 되면, 통상 기존 띠 배너에 대한 사용자들의 피로감, 상당 비율을 차지하는 오클릭 등으로 인해 앱 설치 목적에 대한 집중도 떨어지고, CPC$_{Cost Per Click}$ 과금을 기본으로 하는 띠 배너 마케팅의 특성상 설치 단가가 비교적 높게 나타나게 된다.

무보상 마케팅의 확대를 위해 의뢰하는 많은 광고주는 이미 띠 배너 마케팅을 노출이나 클릭 기준의 과금으로 진행한 경우가 많았다. 마케팅 이후 설치당 단가를 분석해 보니 생각보다 CPI~Cost Per Install~가 너무 높아서, 조금 더 효율적인 무보상 마케팅 방법을 찾게 되는 것이다.

일부 캐주얼 게임 앱이나 쇼핑 앱의 경우, 띠 배너 마케팅을 통해, 다른 무보상형 CPI 보다도 효율적인 성과를 나타내는 경우도 접해 보았지만, 대부분의 경우에 단가 확정형에 비해 설치 단가가 상당히 높았다.

그래서 필자는 무보상형 앱 마케팅만을 원하는 광고주에게는 띠 배너 마케팅을 처음부터 권하지는 않는다. 다만, 명확한 앱 타켓팅, 사전 검증 테스트 등이 전제될 경우에만 국한하여 진행하고 있다.

2) 플로팅형

플로팅형은 일반적인 배너와는 달리 사용자 화면 위에 이미지가 노출되는 방식으로 특정 페이지에 광고 앱을 팝업으로 노출하고 클릭 시 앱스토어 등 다운로드 페이지로 연결되는 노출형식으로 버블형 광고라고도 불린다.

그림37. 플로팅형 무보상 마케팅

위와 같은 방식이 일반 배너 방식과 다른 점은 일반 배너의 경우는 앱페이지 하단에 고정으로 들어가 있는 반면, 플로팅은 앱페이지 위에 노출되는 방식이기 때문에 타겟팅된 사용자에게 집중적으로 노출을 시키거나 광고노출을 막을 수 있는 등 노출에 대한 유연성을 가지고 있다는 것이 큰 장점으로 꼽힌다.

또한, 광고노출 시 약간의 애니메이션 효과를 적용할 수 있어 사용자가 광고에 집중할 수 있도록 하며, 광고를 보고 실제 설치가 발생할 경우에만 과금이 부과되는 형식으로 주로 운영한다. 이는 사용자의 호기심을 불러일으켜 광고의 집중도를 높이며, 클릭 대비 설치율이 높아 브랜딩+앱 설치 효과에 적합한 광고 방식이다.

플로팅형의 경우 배너형과는 달리 앱을 실행할 때 잠시 노출되었다가 사라지는 형태이기 때문에 사용자들에게 거부감이 적고 광고에 대한 집중도 높은 편에 속한다.

3) 전면노출형

전면노출형은 노출영역이 작은 모바일 디바이스의 단점을 최대한 활용하여 앱 실행 시 화면 전체에 광고를 노출해 앱의 정보를 알려주고 설치하게 유도하는 방식으로 클릭 시 모바일 웹과 스토어 등으로 랜딩이 가능하다.

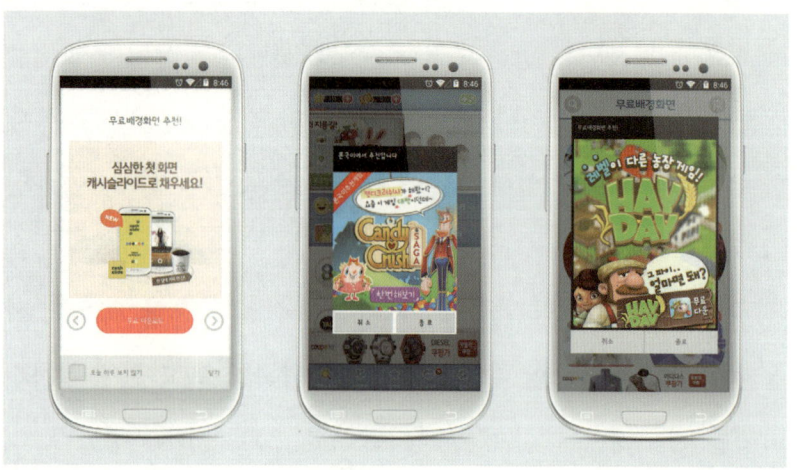

그림38. 전면 노출형

이 방식은 화면 전체를 이용하여 광고를 노출하기 때문에 가독성이 좋고 광고에 대한 집중도가 여타 마케팅 방법에 비해 높다.

이와 같은 전면 노출형의 경우 비주얼이 중요시되는 게임, 생활, 문화, 이벤트 등의 다양한 소재에 적합하며, 배너와 플로팅에 비해 브랜딩 효과가 높게 나타난다.

또한, 노출의 시점을 앱 최초 실행 시, 지정한 횟수만큼 사용자가 실행했을 시, 앱을 종료했을 시 등등의 시점을 지정하여 전면광고를 노출할 수 있기 때문에 가장 적합한 시점에 광고를 노출할 수 있는 장점이 있다.

4) 스토어형

스토어형은 매체 앱의 특정 시점이나 지점에서, 한 개의 앱이 아닌 많은 수의 앱을 마케팅 또는 추천할 때 사용되는 무보상형 마케팅 방법이다.

앱의 특정 지점에 스토어를 열 수 있는 버튼을 달고, 이를 누르면 마케팅 및 추천의 대상이 되는 앱들이 나타나는 방식을 포함하여, 앱 종료 시 전면화면을 스토어 형태로 운영하는 곳도 있다.

그림39. 스토어형 - 인스토어, 이지데이 스토어, 방탕 스토어

5) 프리로드형

프리로드형은 휴대폰 판매점에서 마케팅이 이루어지는 독특한 방식이다. 일반적인 의미로 프리로드는 OS를 제공하는 사업자나 스마트폰을 개발하는 제조사 그리고 이동통신사들이 각각의 단계에서 자신들이 만든 앱들을 사전 장착시키는 것을 의미한다. 이를 앱 마케팅에 응용한 것이 프리로드형 앱 마케팅이라고 보면 된다.

스마트폰을 개통하는 판매점에서 사용자에게 필수라고 판단되는 앱의 설치를 장려하기 위해 사용자 동의를 거친 후 앱 설치화면으로 바로 갈 수 있는 바로가기 아이콘을 제공해주는 마케팅

그림40. 프리로드 마케팅

방법이다. 때에 따라서는 실제 Apk$_{Android Package}$ 파일을 제공해 주기도 한다.

이와 같은 방식은 노출기반이 아닌 설치기반으로 사용자 폰에 직접 설치되는 구조이기 때문에 실행률이 높고, 삭제율이 낮아 공격적인 마케팅을 원하는 광고주들이 선호하는 마케팅이다.

프리로드형은 크게 홈 화면에 적용하는 홈 화면용과 서랍장용 있는데, 홈 화면이 아닌 서랍에 설치되는 경우 사용자에게 노출이 미비하고 삭제될 확률이 비교적 높다는 단점이 있다.

이 방식은 배포를 기준으로 집행단가가 책정되는데 앱의 브랜드 인지도가 낮거나 게임 앱일 경우 배포율에 대한 삭제율이 높게 나오는 경향이 있다.

하지만 프리로드형은 배포율이 월 30만 건 이상 가능한 방식이기 때문에 만약 인지도가 있거나 사용자에게 많이 알려진 앱일 경우는 상당한 마케팅 효과를 기대할 수 있는 방법이다.

6) 공유추천형
공유추천형은 마케팅 하고자 하는 앱의 설치 URL 주소를 외부 매체에 노출하고, 이를 접한 사용자들이 자의적으로 앱을 설치 및 실행하게 유도하는 형태의 마케팅이다.

기술적으로는 설치 URL 주소에 특정 파라미터를 달아서, 이 주소를 통해 앱을 다운로드 및 실행했을 때 이를 인지할 수 있어야 한다. 국내외 주요 앱 트래킹 서비스에 장착된 기능이고, 국내외 주요 게임 앱이나 서비스 앱에서는 보편적으로 사용되고 있는 기술이기도 하다.

공유추천형은 크게 두 가지 방식으로 나눌 수 있다.
하나는, 많은 사용자를 가지고 있는 앱에서 자사 사용자들에게

그림41. 공유추천형 마케팅

앱의 추천내용과 설치 URL을 제공하여 이를 통해 앱을 다운받고 사용하게끔 하는 것이다. 이는 기존 광고방식과 유사하지만 서비스 제공 앱의 성격에 따라서 다양한 방법으로 사용자들이 앱을 공유추천하게 할 수 있다.

두 번째는 앱을 추천하는 사용자들에게 일부 보상을 제공하면서 공유추천하게 만드는 방식이 있다. 이 경우 보상형 마케팅으로 보는 시각도 있지만, 실제 앱을 다운받아 사용하는 사용자는 아무런 보상 없이 순수하게 자의적으로 다운을 받는 개념이므로 무보상형의 다른 마케팅과 같은 구조로 볼 수 있다.

최근에는 자신이 가입된 소셜서비스에 자신이 받은 설치 URL 주소를 홍보함으로써, 기존 보상형 광고를 통해 얻을 수 있는 수익보다 훨씬 많은 수익을 가지기 위해 전문적으로 앱을 공유 추천하는 사용자도 늘어나는 추세이다.

4.4 무보상형 마케팅에서 이것만은 꼭 체크!
- "기설치"

앞선 보상형 마케팅에서의 주요 이슈 중에 하나가 중복제거라는 단어였다. 무보상형 마케팅에서도 꼭 알고 넘어가야 하는 이슈가 하나 있는데, 이는 기설치에 대한 이해이다.

보상형 마케팅에서는 체리피커들이 하나의 광고 앱을 대상으로 여러 매체를 통해 중복 보상을 받을 수 있기 때문에 중복제거라는 안전장치를 마련해 두었지만, 무보상형에서는 굳이 그럴 필요가 없다. 많은 단계를 자의적으로 넘어야만 앱을 설치할 수 있기 때문에 무보상형 마케팅에서 여러 매체의 중복을 거르는 장치는 필요하지 않다고 할 수 있다.

다만, 광고주 앱을 이미 설치하고 있는 사용자, 즉 기설치자에 대해서는 일부 고려사항이 발생한다. 노출형의 경우에는 상관없겠지만, 매체 입장에서는 이미 설치한 사용자에게 굳이 광고를 제공하여 기회비용을 날릴 필요가 없기 때문이다.

또한, 기설치자에 대한 사전 검증 장치 없이 단순히 자사 광고를 클릭한 이후 앱 설치가 되어있다면 과금을 하는 경우가 있는데, 이럴 경우 기설치자들이 광고의 도움 없이 설치한 사용자임에도 불구하고 광고주는 비용을 지급해야 하는 상황이 발생할 수 있다.

일부 대형 앱 회사들을 제외한 대부분의 경우에는 광고주가 스스로 광고 집행의 세부적인 정보를 확인하기가 쉽지 않다. 마케팅 회사들이 제공하는 리포트에 의존할 수밖에 없는 것이 현실이라면 최소한의 정보를 가지고 최소한의 검증 가능한 부분은 사전에 확인하고 집행하는 것이 마케팅의 효율을 좀 더 높이는 방법일 것이다.

이 책의 2장 3에서 앱 설치 확인에 대한 기술적인 부분을 자세히 살펴보았다. 앞에서 설명한 것처럼 무보상형 마케팅에서 기설치 확인은 필수라고 보아야 한다. 기설치가 확인된 경우에는 또 다른 추가 마케팅이나 앱 사용성을 높이는 마케팅으로의 전환도 가능하기 때문이다. 동일한 광고 형태이지만, 기설치자가 클릭한 경우에는 해당 앱을 실행시켜 주고, 미 설치자의 경우에는 앱을 설치할 수 있는 다운로드 페이지로 이동시켜주는 등의 작동이 가능하다는 의미이다.

과거 필자가 접한 어떤 광고 담당자는 자신이 집행하는 월 단위 모바일 마케팅 비용이 수천~수억에 달하지만, 무보상 마케팅에서의 기설치에 대한 개념조차 가지고 있지 않았다. 알고 이해하면서 집행하는 것과 모르고 진행하는 것은 때에 따라 결과가 같을 수는 있지만, 장기적으로는 마케팅의 비효율성을 동반하게 될 가능성이 높을 것이다.

4.5 무보상형 마케팅의 실제 사례

앱과 마케팅 채널의 궁합이 중요하다

수년에 걸쳐 앱 마케팅을 하다 보니, 주변에서 효율적인 마케팅 채널이라고 소개받는 경우도 많았고, 제휴를 위해 찾아오는 마케팅 채널도 많이 만나보았다. 물론, 말도 안 되는 방식으로 마케팅을 수행하겠다고 와서 광고를 달라고 우기는 경우도 종종 접하게 되지만, 일부 이런 경우를 제외하고는 대부분의 경우 해당 마케팅 채널을 통해 앱 마케팅을 직접 집행해 보았다.

소개서 내용대로 앱 마케팅의 실적처럼 잘 나오는 경우도 있었고, 그렇지 않은 경우도 많이 접해 보았다. 과연 효율이 높은 마케팅 채널과 그렇지 않은 마케팅 채널을 명확하게 구분할 수 있을까?

수많은 마케팅을 집행해 본 결과, 필자의 생각은 마케팅 채널의 성과는 앱에 의존적이라는 결론을 내리게 되었다. 동일한 채널을 통해 집행하여도 너무나도 상반된 실적이 나오는 경우를 많이 보았다.

광고주 입장에서 CPI(설치당 단가) 기준으로 집행이 가능한 마케팅을 하게 되면 그나마 마케팅 비용에 큰 차이가 나지 않지만, CPM(노출당 단가), CPC(클릭당 단가), CPD(배포당 단가)의 경우에는 앱의 특성에 따라 비용이 10배 이상 차이 나는 경우도 종종 보아왔기 때문이다.

과거 한때, 바로가기형 무보상 마케팅이 유행한 적이 있다. 앱 사용 중에 특정 서비스를 사용하게 되면, 스마트폰 바탕화면으로 광고주 앱의 바로가기, 즉 설치 화면으로 링크만 가능한 아이콘을 설치하는 마케팅이다. 사용자는 바탕화면의 바로가기를 눌러 설치화면으로 이동하고 여기서 설치가 이루어지게 하는 무보상형의 마케팅 형태이다.

문제는 바로가기형 마케팅은 CPD(배포당 단가), 즉 바로가기 배포당 30원~100원 정도로 과금이 되는 것에 문제가 생겼다. A사는 쇼핑 앱을, B사는 캐릭터 제공 앱을 바로가기형 마케팅을 통해 집행하였는데, 추후 양사의 CPI를 비교해 본 결과 A사는 4,000원, B사는 400원 정도로 나온 사례가 있었다. 이때의 마케팅 채널은 두 광고주 모두 동일한 앱이었다.

CPI 상품이 아닌 경우, 결국 내 앱에 적합한 마케팅 채널, 즉 내 앱과 궁합이 맞는 채널을 찾는 것이 지속적인 무보상형 마케팅을 수행할 때 가장 중요한 요소인 것이다.

최고의 효율을 제공해 주는 마케팅 채널 찾기

필자가 국내 최대 포털 사이트인 A사와 진행하고 있는 무보상 마케팅의 예를 보자. A사는 무보상 마케팅을 지속적으로 진행하고 있는데, 수많은 방법을 사전 테스트를 통해 1차 집행하고 이후 효율성에 따라 우수한 채널 위주로 지속적인 2차로 마케팅을 진행하고 있다.

A사의 성격과 특징, 시장 브랜드파워 등을 고려하여 프리로드

형을 테스트하게 되었다. 프리로드형은 대리점이나 판매점을 통해 사전 동의 받은 고객들을 대상으로 추천 앱을 설치해 주는 무보상형 마케팅이다. 과거 게임앱 등이 주 광고주였으나, 사용자들의 앱 사용률이 저조하여 기대만큼의 마케팅 효율이 나지 않았던 상품이었다. 하지만 국내 최대 포털 앱이라는 장점과 시장에 형성되어 있는 강력 브랜드파워에 힘입어 아주 높은 마케팅 효율을 안겨다 주게 되었다.

띠 배너 등을 통한 마케팅에 비해 10배 이상의 효율을 가질 수 있었고, 스마트폰 초기 가입자들에게 친숙하게 접근할 수 있는 또 다른 브랜딩 가치를 가지게 된 사례이다.

작은 물량일 경우 더욱 채널이 중요하다

나의 앱에 효율적인 마케팅 채널을 모두 알 수 있다면 얼마나 좋은 일이겠는가? 많은 물량을 마케팅하게되면, 일부는 높은 효율, 또 다른 일부는 그렇지 못한 효율을 보이게 된다. 이후 높은 효율 순서대로 예산을 집행하는 것이 기본 상식일 것이다.

대부분의 중소형 앱 개발사들은 막대한 자금을 마케팅 비용에 투여하지 못한다. 그렇다면 더욱 초기 마케팅 채널 선정이 중요한 요소가 될 것이다.

홈쇼핑 상품 메타 서비스 앱에서 알짜 사용자 확보를 주목적으로 하는 앱 마케팅을 의뢰받은 적이 있었다. 많지 않은 물량이라서 순위보다는 실사용자를 찾고 싶어 했다. 전체 물량상 사전 물량 집행도 불가능한 상황이어서 타겟팅된 무보상형 CPI 마케팅 집행을 추천해 주었다.

홈쇼핑의 주 타겟이 30~40대 여성들일 것으로 생각되어, 30~40대 여성들이 주로 관심을 두는 요리, 교육관리 앱을 전략적인 마케팅 채널로 협의하였고, 이런 제휴 앱들을 대상으로 하여 플로팅 광고, 전면광고, 푸시 서비스 등 다양하면서 집중적인 마케팅을 진행하게 되었다. 보장된 설치 단가로 인해 마케팅 비용에 대한 리스크를 줄였고, 정확한 타겟팅으로 알짜 사용자를 유입하는 데 성공하였던 사례이다.

중국 게임의 통합 마케팅 사례

다음은 단순 무보상 마케팅이 아닌 통합적인 앱 마케팅에 대한 사례이다. 중국의 거대 모바일 게임 개발사에서 자사 앱의 한국 런칭을 포커스엠에 의뢰하여 집행하였던 사례이다.

농장게임 앱으로 80여 종의 식물, 200여 종의 농작물, 동물 등을 직접 키울 수 있어 중국뿐 아니라 전 세계 500만 이상의 사용자가 이용하고 있었지만, 한국 구글 플레이에서는 상위 순위에 진입조차 하지 못한 상태였다. 국내에 전혀 알려지지 않았기 때문에 보상형, 무보상형 마케팅뿐 아니라 브랜드를 알리고 앱에 대한 신뢰를 주기 위한 다양한 마케팅을 병행해야 했다. 통합 마케팅이 가능할 수 있었던 건, 상당수준의 앱 우수성을 갖추고 있다고 판단하였기 때문이다.

이 농장게임 앱은
1. 댓글관리 마케팅
2. 오픈 이벤트를 통한 바이럴 마케팅
3. 앱 홍보 기사 배포
4. IOS 마케팅
5. 보상형 마케팅
6. 무보상형 마케팅의 순서로 진행하였다.

가장 먼저 진행했던 것이 댓글 관리 마케팅이다. 앱 설치화면에 나타나는 사용자들의 평점에 대한 관리가 필요했었다. 전체적인 사용자들의 순수한 평가를 왜곡시키자는 의미보다는 종종 평점 화면 상단에 뜨는 억울한 낮은 평점에 대한 관리 차원이라고 보는 것이 맞을 것이다.

두 번째로 국내 런칭을 기념한 오픈 이벤트를 진행하였고, 이벤트 참여를 위해서는 게임의 특정 단계까지 올라간 사진을 SNS 등에 공유하여야만 하였다. 게임의 브랜드와 국내 런칭을 SNS에 알리려는 목적으로 진행되었다.

세 번째로 국내 런칭에 대한 홍보자료를 언론사들에 배포해 주었고, 국내 점유율이 낮긴 하지만 광고주의 요청으로 IOS 마케팅을 집행하여 전체 인기 무료 5위에 올라가는 성과를 이루었다.

이후 본격적인 앱 다운로드 마케팅을 집행하였다. 하루 4만 건씩 4일간의 실행형의 보상형 마케팅을 집행하여 순위 밖에 있는 앱이 102위 -> 48위 -> 30위 -> 최종적으로 20위에 랭크되는 결과를 낳았다. 이 후 일부 무보상형 마케팅을 진행하면서 20위~25위 사이를 약 3주 정도 유지했던 사례이다.

4.6 무보상형 마케팅 Q&A

무보상 앱 마케팅에 대해 실무를 하면서 많은 사람으로부터 공통적으로 질문받았던 내용을 Q&A 형식을 통해 공유하도록 하겠다.

Q1. 무보상에서 강조하는 잔존율은 어떤 의미일까?

A1. 앱을 통해 서비스한다고 하면, 가장 중요하게 봐야 하는 지표가 무엇일까? 다운로드가 많으면 무조건 성공한 서비스라고 볼 수 있을까? 다운로드는 많이 되었는데 대부분의 사람이 앱을

삭제했다면 어떨까?

사전적인 의미의 잔존율이란 앱을 설치한 이후 특정기간이 지나고도 앱을 지우지 않고 사용하고 있는 비율을 의미한다. 앱을 서비스하는 입장에서 앱과 관련하여 중요하게 관리해야 하는 지표들이 여럿 있을 것이다. 총 다운로드 수, 일별 또는 월별 고유 방문자 수, 앱의 잔존율 등이 그것일 것이다.

잔존율은 앱 마케팅을 통해 앱을 다운받은 사용자가 특정 기간(보통 7일, 30일을 기준으로 함) 이후에 앱을 지우고 않고 보유하고 있는지를 알아보는 지표이다. 보통 보상형 마케팅의 경우는 리워드 지급 이후 급격히 잔존율이 떨어지는 것이 대부분이고, 무보상형 마케팅의 경우는 자신의 의지로 인한 다운로드인 관계로 상대적으로 상당히 높은 잔존율을 보인다.

잔존율을 파악하는 예시를 든다면, 오늘 백 명의 사람이 앱 마케팅을 통해 앱을 설치했는데 7일 후에 이 중 50명이 앱을 삭제했다고 하면 7일간의 잔존율은 50%라고 할 수 있다.

Q2. 오가닉 유저와 체리피커 유저란?

A2. 오가닉 유저Orgarnic User란, 오가닉(자연적)이란 말처럼 앱 마케팅과 상관없이 본인의 필요에 의해 자의적으로 앱을 다운받아서 사용하는 사람들을 말한다. 보통 구글 플레이에 들어와 추천 받은 앱을 검색하거나 순위를 보고 관심 있는 앱을 다운받는 경우가 대부분인 관계로 잔존율 및 앱 사용률이 높은 편이다.

체리피커Cherry Picker란, 맛있는 체리만 따먹는 사람들이라는 의미로 보상형 마케팅에서 쓰이는 용어 중 하나이며, 현금이나 포인트와 같은 보상을 얻기 위한 목적으로 앱을 설치하는 사람을 말한다. 이 사람들의 대부분은 앱 설치 후 보상을 받고 나면 바로 앱을 삭제하는 경향이 많아 보상형의 낮은 잔존율을 만들어내는 주 원인이기도 하다.

Q3. 배너 광고는 앱 마케팅에 적합하지 않은 건가?

A3. 배너 광고가 모바일 앱 마케팅의 전부로 아는 사람들이 의외로 많다. 그도 그럴 것이 모바일 산업이 활성화되면서 항상 제일 먼저 언급되는 것이 모바일 광고 시장에 관한 내용이고 이런

것의 중심에는 항상 띠 배너로 불리는 배너 광고가 자리 잡고 있었다.

모바일 광고 시장이 안정화 단계에 접어서면서, 띠 배너 광고의 장단점이 나타나기 시작하였다. 초기 오클릭에 의한 배너 클릭 비율이 상당히 높아서 부정적인 의견이 많았던 시기도 있었지만, 이제는 영화홍보, 대기업들의 상품과 서비스에 대한 홍보 등의 브랜딩 강화를 위한 마케팅 방식으로 자리매김하고 있다고 해야 할 것이다.

물론, 배너 광고를 통해서 앱 마케팅이 불가능한 것은 아니다. 아직도 앱 다운로드를 목적으로 하는 수많은 배너가 모바일 상에 존재하고 있다. 하지만 배너 클릭 후 사용자가 자의적으로 앱을 설치해야 하는 앱 마케팅은, 단순히 클릭이나 노출을 목적으로 하는 브랜딩과 달리 그리 효율적이지 않은 것이 대부분이다.

직접적으로 무보상 마케팅을 타겟으로 하는 마케팅 방식에 비해, 보통은 3배~4배의 비용이 더 투여되는 것으로 나타나고 있다. 물론, 특정 산업의 앱의 경우는 상당히 효율적인 앱 마케팅 성과를 나타내기도 하지만 이는 극히 일부 앱에 국한되어 있다고 보는 것이 맞을 것이다.

이러한 이유로, 통상 모바일을 통한 브랜딩 강화를 위해 배너 광고를 많이 활용하고, 앱 마케팅을 위해서는 보상형 마케팅이나 앱 마케팅만을 타겟으로 하는 무보상 마케팅을 활용하게 되는 것이다.

Q4. 무보상형 마케팅에선 설치 수를 보장받을 수 없는 건가?

A4. 무보상형 마케팅의 설치 수를 논하기 전에 먼저 보상형 마케팅에 대한 이야기로 답을 주고자 한다. 원하는 짧은 시기에 많은 다운로드 발생을 목적으로 하는 보상형 마케팅의 경우에는 설치 수가 아주 중요한 지표가 될 것이다. 계획한 시점과 설치 수가 목표한 마케팅 성과를 좌우하기 때문이다. 또한, 보상형 마케팅에서 활동하는 사람들에게 앱의 성격은 그리 중요한 요소가 되지도 않는다.

그러나, 무보상형 마케팅의 경우는 다르다. 사용자가 자의적으로 자신에게 필요한 앱을 다운받도록 하는 것이 목적이기 때문에 시점과 설치 수를 보장하는 것이 거의 불가능하다. 물론 수많은 무보상 마케팅 채널을 보유하고 있고, 요청받은 설치의 수량이 낮다면 가능한 일이겠지만, 통상 무보상 마케팅의 경우는 목표

수치만을 가지고 집행하거나 또는 설치 가능한 수량을 지속적으로 설치시키는 것을 기본으로 하여 마케팅이 전개된다.

Q5. 무보상형 마케팅을 집행할 때, 특히 주의할 점은?

A5. 4장에서 언급한 무보상 마케팅 집행 시에 체크해야 하는 사항은 이미 언급해 두었다. 다만. 여기에는 사례적인 측면에서 한 가지만 꼭 짚고 넘어가고자 한다.

무보상 마케팅의 경우는 크게 두 가지 방식으로 계약이 이루어진다. 하나는 설치당 단가를 기준으로 하여 마케팅이 집행되는 경우이고, 또 다른 하나는 설치당 단가가 아닌 노출, 클릭 등 설치 이전 단계를 기준으로 마케팅이 집행되는 경우이다.

전자의 경우는 설치 수만큼 비용이 지급되기 때문에 마케팅 효율에 대한 문제가 발생하는 경우가 많지 않다. 하지만 후자의 경우는 앱 설치 이전의 단계에서 앱 설치까지의 전환율이 마케팅의 효율을 좌우하게 된다.

어떤 마케팅 방식을 채택하느냐, 어떤 채널을 통해 집행하느냐에 따라 앱 설치의 전환율은 천차만별이다. 필자가 집행했던 경우의 예를 들면 최대 20배 가까운 효율 차이를 보인 사례도 있었다. 설치당 단가 기준이 아닌, 설치 이전 단계를 기준으로 마케팅이 집행된다면 반드시 사전에 일부 물량을 통해서 나의 앱과 마케팅 방식 또는 채널의 궁합이 맞아 효율이 잘 나오는지에 대한 평가가 선행되어야 할 것이다.

1　2　3　4　**5**　6　7　8

돈 안 들이는 앱 마케팅

5.1 세상에 공짜는 없다
5.2 단계별 전환 효율을 높이자

5.1 세상에 공짜는 없다

필자가 주변에서 가장 많이 듣는 말 중에 하나가, 돈 안 쓰면서 할 수 있는 앱 마케팅이 어떤 것이 있느냐는 질문이다. 실제 돈을 쓰지 않고 마케팅할 방법은 정말 많이 존재한다. 주변 사람들에게 전화, 문자 등을 통해 앱 다운로드를 독려할 수도 있고, 지인들에게 메일을 보낼 수도 있을 것이다. 다만 이러한 방법으로 과연 목표한 앱 마케팅의 성과를 달성할 수 있느냐 없느냐가 중요한 문제인 것이다.

지금처럼 경쟁이 치열해지기 전에는 비용이 들지 않는 소소한 마케팅만으로도 좋은 성과를 올리기도 했지만, 현재는 너무 치열한 것이 현실이다.

앱을 만드는 사람 입장에서 가장 이상적인 그림은 아마도 다음과 같을 것이다. 아주 우수한 앱을 개발하고, 별도 앱 마케팅 비용 없이 주변 지인에게 추천해 주거나 나만의 홍보 방식을 통해서 소수에게 앱의 존재를 알려준다. 이후 앱을 사용해본 사람들의 구전효과를 통해 기하급수적으로 앱 다운로드가 증가하여 최상위 순위에 올라감으로써, 수많은 사람이 나의 앱에 만족하면서 자주 사용하는 것일 것이다.

하지만 이런 경우는 그냥 없다고 보는 것이 맞다. 아주 낮은 확률로 존재하겠지만, 그 확률을 바라보고 앱을 개발하는 것은 너무나도 무모하기 때문이다.

세상에 공짜는 없다는 생각으로 준비하자. 분명히 어딘가에는 있겠지만, 없다는 전제를 가지고 착실히 준비하면 생각지도 않은 기회가 찾아 올 수도 있다. 비용을 쓰지 않아도 내가 할 수 있는 마케팅이 어떤 것이 있을지를 준비해 보자. 훗날 비용을 들이게 되더라도 확실한 준비만이 효율을 극대화할 수 있기 때문에 미리 준비하는 것은 유익하다. 특히 앱이 정말로 우수한지, 앱을 소개하는 디자인은 충실한지, 사용자들이 쉽게 인지할 수 있는 내용으로 채워져 있는지 등등 기본적으로 확인해야 할 사항조차도 그냥 넘기는 일은 결코 발생해서는 안 될 것이다.

A사는 스마트폰으로 전화가 올 때, 어디서 걸려온 전화인지를 알려주는 앱을 개발하였다. 앱 런칭 이후 억대의 예산을 앱 마케팅에 집행할 계획도 가지고 있었다. 일부 마케팅이 시작될 무렵, 우연히 방송을 통해 해당 앱이 소개되기 시작했다. 그러자 앱 마케팅과 상관없이 수많은 사용자가 앱을 다운받게 되었고 전체 10위 이내까지 순위가 올라가게 되었다. 물론 집행 중인 모든 앱 마케팅은 중단하였다. 비용을 지급해야 하는 앱 마케팅을 통해서도 오르기 힘든 순위에, 돈 안 드는 마케팅으로 그 이상의 성과를 얻은 것이다. 물론, 스미싱 등의 시기적인 이슈가 맞물려 있긴 했지만, 앱의 우수성이 보장되었고 앱 마케팅에 대한 철저한 사전 준비가 되어 있었기 때문에 방송 소개라는 기회가 왔을 때 최고의 성과를 올릴 수 있었던 사례이다.

돈을 쓰고 안 쓰고는 이후 문제이다. 우수한 앱에 마케팅을 철저히 준비했을 때만이 기회가 오면 그 기회를 잡아 도약할 수 있을 것이다.

5.2 단계별 전환 효율을 높이자

앱이 우수하다고 모든 앱 마케팅의 준비가 끝난 것은 아니다. 앱이 사용자에게 노출되고 이를 인지한 사용자들에 의해 설치, 실행, 선택되기까지 너무나 많은 단계와 사용자들의 의지가 있어야만 가능해진다. 앞서 언급한 대로, 돈을 쓰는 마케팅을 하여도 단계별 전환율이 낮다면, 사전준비가 잘된 돈을 쓰지 않는 마케팅이 더 효율적일 수도 있을 것이다.

작지만 자신만의 홍보 채널이 준비되어 있다고 가정한다면, 어떤 부분이 사용자들로 하여금 나의 앱에 관심을 두고 설치하고 잘 사용할 수 있게 되는지 살펴보도록 하자.

앱을 개발할 때 가장 중요한 부분은 앱의 우수성이며, 앱 마케팅을 준비할 때 가장 중요한 부분은 사용자를 위한 앱 소개 준비와 성의가 아닐까 한다. 구글 플레이 앱 설치 화면을 구성할 때 조금 더 성의있게 제작하여, 처음 접했을 때 한번 해보고 싶다는 느낌이 들 수 있을 정도로 디자인에 좀 더 신경을 써야 한다.

동영상이 있는 경우, 동영상을 눌러서 내용을 보고 다운받는 사람은 별로 없지만, 그럼에도 동영상의 유무에 따라서 이 회사가 앱에 얼마나 많은 애정을 갖고 서비스하는지를 느낄 수 있을 것이다.

또, 앱을 오픈한 이후 소개 상단에 오픈 이벤트나 프로모션들이 진행되고 있고 앱에 만족하는 댓글들이 많이 달려 있다면, 설치하려는 사람들에게 앱에 대한 또 다른 신뢰를 줄 수 있을 것이다. 이런 화면을 구성하는 것들은 큰돈 들이지 않고도 가능할 것이며, 큰돈 들인 이상의 효과를 낼 수 있을 것이다.

그림42. 잘 정리된 앱 소개 페이지 예시

1 2 3 4 5 **6** 7 8

앱 마케팅 세상에
이런 일이?

6.1 업데이트 과금 사례

6.2 설치 과다 사례

6.3 구글통계 설치 수와 광고 설치 수의 차이

6.4 너무도 다른 마케팅 효율

6.5 보상형 마케팅에서의 고객 적립금

6.6 자사앱 섩치 여부에 따른 서로 다른 랜딩 마케팅

6.7 타겟앱 설치 여부에 따른 마케팅

6.1 업데이트 과금 사례

2013년 봄, 광고주 B사는 국내 최대 보상형 네트워크사인 A사를 통하여 실행형으로 리워드 마케팅을 진행하게 되었다. 단순 설치형이 아닌 설치 후 실행까지를 보장받는 방식이므로, 광고주 B사는 A사에서 제공해 준 SDK를 장착하고 앱 업데이트를 진행하기로 했다. 개발팀에서 SDK를 장착하고 테스트하는 데 시간이 더 소요되고, 예정되었던 마케팅 시일이 촉박한 관계로 SDK 배포 직후부터 보상형 마케팅이 진행되었다. 물론 광고주 B사는 자체 분석체크를 위한 트래킹 코드를 삽입하여 마케팅을 진행하였다.

일정 시간 후, 마케팅에 대한 분석이 진행되었을 때 예기치 않은 일이 발생하였다. 광고주 B사가 확인한 설치 수와 A사로부터 받은 설치 수에 큰 차이가 발생한 것이다.

몇 차례의 개발 미팅 끝에 확인된 설치수의 오류는 바로 업데이트에 있었다. 광고주 앱에 SDK를 장착하게 되면, 해당 앱이 업데이트된 이후부터 모든 마케팅의 집계가 이루어지게 되는데, SDK의 업데이트 시점과 마케팅의 시작 시점이 거의 비슷하다 보니, 기존 광고주 B사의 앱을 사용하고 있던 사람들의 업데이트 숫자까지 설치 및 실행에 포함하게 된 것이다.

즉, 광고주 입장에서는 신규 사용자에게 자사의 앱을 설치 및 실행시켜주는 대가로 마케팅 비용을 지불하려고 했지만, 결과적으로 기존 사용자의 업데이트 숫자까지 포함된 내용으로 리포트를 받아보게 된 것이다.

이후 보상형 네트워크사인 A사는, 자사뿐 아니라 자사와 네트워크로 연동된 보상형 마케팅 회사들에게 광고주 앱의 기설치자에게 마케팅을 제한하는 방식과 업데이트에 따른 상이한 과금 적용 등의 기술적, 정책적인 변화를 준비하게 되었다.

6.2 설치 과다 사례

2013년 9월, 구글의 일부 정책이 변경되었다. 구글에서 정식으로 서비스하는 GCM~Google Cloud Messaging~, 즉 일종의 푸시 서비스에 대한 부분이 포함되어 있었다. 한 달 후부터 변경된 정책이 적용되었는데, 등록된 자사앱의 직접적인 서비스에 대한 GCM만이 가능하고 타사 앱 홍보용으로 해당 GCM를 사용할 수 없다는 내용이다.

이 정책 변경으로 푸시 서비스를 기반으로 한 플랫폼 중 다수가 사라졌지만, 그 이전엔 앱 다운로드 마케팅 차원에서는 상당히 많이 사용되던 마케팅 툴이다.

푸시 마케팅의 특징 중 하나는 타 마케팅과는 달리, 설치 수를 정확히 예측하기가 쉽지가 않다. 한번에 다수의 사용자에게 발송되기 때문이기도 하고, 발송 수 대비 설치 수의 비율이 어떤 앱이냐에 따라 크게 달라지기 때문이다.

2013년 7월경, 150만 사용자를 보유하고 있는 푸시 마케팅 플랫폼사에 앱 설치 1만 건을 의뢰하였다. 푸시 마케팅의 경우는 발송당 단가를 기준으로 과금하는 것이 보통이지만, 본 건의 경우는 설치당 과금을 하기로 합의한 후 진행되었다. 보통 목표 수 이상의 과다 설치를 방지하기 위해서 소수의 일부 사용자들에게 선 발송한 후 발송 대비 설치수의 비율을 종합하여 재발송하는 방식을 취하는데, 본건의 경우도 선 발송의 설치율을 기준으로 잔여 사용자에게 푸시 메시지를 발송하였다.

결과는 선 발송의 설치율의 어떤 이유에선가 정상수치보다 낮게 나왔고 이를 기반으로 발송한 본 발송에서는 설치율이 상당히 높게 나온 것이다. 1만 건 설치 의뢰에 실제는 1만 5천 건 정도의 설치가 이루어진 것이다.

설치당 1,000원(무보상CPI 기준가)으로 마케팅을 진행했으니, 광고주 입장에서는 1,000만 원으로 1,500만 원의 효율 즉, CPI

667원으로 무보상 CPI 마케팅을 진행하게 된 사례이다.

모바일 마케팅 서비스의 시스템적인 특성으로 인해, 일정 설치 수를 기준으로 진행되는 마케팅에서 대부분 요청한 설치 수보다 더 많은 설치 수를 가지게 되지만, 위의 사례에서처럼 1.5배 정도 나오는 경우는 그리 많지 않을 것이다.

6.3 구글통계 설치 수와 광고 설치 수의 차이

안드로이드 앱 개발사 대부분은 구글의 앱 개발자 계정에서 볼 수 있는 자사 앱의 날짜별 다운로드를 앱 배포의 기준으로 삼고 있다. 회사 내부의 KPI~Key Performance Indicators~ 또한 계정에서 제공해 주는 숫자를 기준으로 한다. 그러나 구글의 앱 개발자 계정을 잘 살펴보면 구글에서 제공해 주는 정보는 단지 참조용이지 정확한 수치는 아니라고 언급되어 있다.

실제 몇 달에 한 번씩 구글 마켓이 업그레이드되는 시기가 되면, 구글의 정보 제공도 중단되고 이에 따라 구글의 순위 또한 일시 정지되는 상황을 겪게 된다.

구글의 데이터가 정확하지 않다고 해도 앱 개발사가 자체적으로 별도의 시스템을 갖추지 않는 한, 앱 개발사 입장에서는 앱 다운로드 등의 통계를 구글의 데이터에 의존할 수밖에 없다.

순위 상승을 위하여 보상형 마케팅을 진행하게 되면, 일정에 따른 설치 수는 순위상승에 직접적인 영향을 미치는 중요한 의미를 갖는다. 대부분의 보상형 마케팅의 경우는 구글에서 알려주는 설치 수와 마케팅 매체사에서 알려주는 설치 수가 거의 비슷하게 일치한다.

2013년 10월, 국내 최대 보상형 마케팅 회사 중의 하나인 B사를 통해, 게임 광고주인 C사의 게임을 리워드 설치형으로 마케팅을 진행하게 되었다. 일정 기간 지속적으로 진행한 마케팅에서 대부분의 날짜에서 설치 수가 일치하게 나왔다. 신규 출시 앱이고, 별도의 추가 마케팅이 없었기 때문에 보상형 마케팅에 의한 설치 수보다 조금 높은 설치 수가 구글 계정에 나오게 되었다. 소수 오가닉 유저의 자의적 설치 수로 가정한다면, 구글 계정과 보상형 마케팅 회사의 설치 수가 거의 일치하였다.

그런데 딱 하루, 전혀 다른 결과값이 나온 경우가 발생했다. 하루에 보상형 20,000개를 집행했는데, 구글의 계정에는 2,500여

개밖에 설치로 잡히지 않은 것이다. 신규 앱으로써 통상의 오가닉 다운로드 정도로만 된 것이다. B사는 고객 리워드가 정확히 나갔다며 자사 시스템에는 전혀 문제가 없다며 관련 증빙 데이터까지 공개했다.

이러한 사례는 실제 아주 가끔 발생하지만, 광고주인 C사 입장에서는 순위 유지를 위해서 보상형 마케팅을 진행했던 것인데, 구글 계정의 다운로드 수치가 나오지 않았으며 순위에도 전혀 영향을 주지 못했으니 어처구니없는 일이 아닐 수 없다.

6.4 너무도 다른 마케팅 효율

앞에서 말한 대로, 앱 마케팅의 목적과 앱 마케팅의 방식이 잘 맞아야 더 효율적인 마케팅 진행이 가능할 것이다. 여기에 앱의 고유 특성에 따라서도 동일 마케팅의 효율이 천차만별로 나오는 것이 다반사이다. 이번 장에서는 몇 가지 실제 사례를 가지고 수 배에서 수십 배까지 효율이 다르게 나왔던 경우를 공유하고자 한다.

사례1. 푸시 마케팅 사례
필자의 회사에서 진행했던 푸시 마케팅의 사례이다. 회사가 무보상 설치형을 기본으로 마케팅을 진행하였기 때문에 설치 수에 따라 금액이 과금되는데, 보통 푸시 마케팅에서는 발송당 과금을 기본으로 하는 경우가 대부분이었다.

발송당 과금을 기준으로 한다면, 푸시를 수신한 사람들의 반응률이 직접적으로 마케팅의 효율을 좌우한다는 의미와 동일하다. 20대~30대 여성이 주 사용자층인 앱(매체)을 통하여 홈쇼핑과 관련된 푸시 마케팅을 진행했을 때, 발송대비 5% 가까운 설치율을 보인 적이 있다. 이후 동일한 앱(매체)을 통하여 뉴스 정보 서비스 앱을 마케팅 했을 때, 0.7% 정도의 설치율이 나타났다. 100만 명에게 발송당 10원을 기준으로 푸시를 발송했다고 가정하면, 홈쇼핑 앱은 무보상 CPI가 200원 정도인 반면에, 뉴스정보 앱의 경우는 1,429원 정도의 설치 단가가 나오게 되는 것이다. 동일한 마케팅으로 7배 이상의 효율이 발생하는 것이니, 마케팅의 주체가 되는 앱의 성격이 얼마나 중요한지를 알 수 있었던 사례이다.

사례2. 숏컷 마케팅 사례

사용자 동의하에 광고 특정 시점에 광고주앱의 설치화면으로 바로가기shortcut 단축아이콘(숏컷 아이콘)을 제공하는 것을 숏컷 마케팅이라고 한다. 이 마케팅은 2013년 9월 사용자의 아이콘 혼란 방지를 위해 안드로이드가 정책을 변경함으로써 더 이상 사용되고 있지 않는 마케팅 방법이다. 다만, 이 사례에서 함께 공유하고자 하는 내용은 광고 앱과 마케팅 방법과의 적합성 그리고 광고 앱과 광고를 집행하는 앱과의 연관성에 따라서 마케팅의 효율이 극명하게 달라진다는 것이다.

10대 20대 여성이 주로 사용하는 A앱에서 진행한 마케팅이다. 한 번은 주 사용 연령과 성별을 타겟으로 하여 앱의 성격과 유사한 신규 앱을 광고앱으로 선정하여 진행한 결과, 배포된 바로가기의 10%가 실제 앱 설치로 이어졌다. 이 후 A앱의 성격이나 연령, 성별과 무관한 정보 서비스 앱을 광고 앱으로 선정하여 진행한 결과, 배포된 바로가기의 0.5%만이 실제 설치로 이어졌다. 같은 비용을 들여 진행했다고 가정하면 20배의 마케팅 효율의 차이가 발생하는 것이다.

특정 앱을 마케팅할 때 앱의 성격, 타겟층 등의 고려가 있어야만 마케팅의 효율을 극대화 할 수 있다는 것을 이 사례에서 알 수 있다.

6.5 보상형 마케팅에서의 고객 적립금

보상형 마케팅은 순위 상승을 원하는 광고주들에게 굉장히 매력적인 마케팅 방법임에는 틀림이 없다. 그런 이유로 2012년 이후 앱 다운로드 마케팅에서 가장 중요한 역할을 하고 있다. 사용자들 또한 돈을 벌기 위한 목적과 게임 앱 등의 아이템을 구매하기 위해서 꾸준히 보상형 마케팅에 적극적으로 참여하고 있다.

보상형 앱은 크게 두 가지로 구분이 된다. 게임 앱에서 유료 아이템을 대신하여 보상형 마케팅을 진행하는 경우와 순수하게 돈을 적립해 주는 앱을 만들어 이를 보상형 마케팅에 활용하는 경우가 있다.

후자의 경우는 앱의 주 내용이 보상형 마케팅을 통한 사용자 적립인데, 이들 개발사의 사업적인 프로세스를 간단히 살펴보도록 하자.

먼저 보상형 앱을 제작한 후, 광고주를 직접 영업하거나 보상형 네트워크 회사와의 제휴를 통해 광고주를 지속적으로 수급 받는다. 수입을 올리기 위해서 많은 사용자를 확보해야 하는 데 이때 가장 많이 사용했던 방법이 추천인 제도이다. 당장 찾아갈 수 없는 돈이기에 추천하는 사람, 추천된 사람 모두에게 많게는 3,000원까지 무상 지급했던 것이다.

포인트를 사용하는 기업은, 고객의 포인트를 부채로 보고 적립해 놓는 것이 당연하다. 하지만 초창기 많은 보상형 앱들은 고객 적립금을 별도로 관리하지 않고, 회사 내의 다른 자금과 함께 운영했던 것이 사실이다. 개인별로 적립해 놓은 금액이 비교적 소액(대부분 만 원 이하)이라 고객 항의도 크지 않았기에 대충 관리했던 것이다.

그러나 적립된 고객 포인트의 총 금액이 많다면 상황은 달라진다. 예를 들어, 보상형 앱의 사용자만 100만 명이 넘고, 천만 건 이상의 앱 다운로드 마케팅을 진행했다면 이에 따르는 고객 적립금도 어마어마할 것이다. 얼마전 국내 대표적인 보상형 앱을 운영하는 회사가 수십억의 적자를 기록하고 있다는 언론 보도가 나온 적이 있다. 고객에게 주어야 할 적립 금액이 수십억에서 수백억이며 적자도 수십억이라니, 고객 적립금은 어디로 간 것일까?

많은 보상형 앱 운영사들이 만들어졌다 사라져가고 있다. 그동안 공중으로 사라진 고객 적립금만도 상당할 것이다. 실망한 고객은 더 이상 보상형 앱을 사용하지 않을 것이고, 이런 분위기로 시간이 지나간다면, 앱 마케팅 산업 자체가 위태로워질 것이다. 보상형 앱 운영사들이 더 투명하고 건전해야만 해당 서비스가 사용자에게 신뢰받고 발전해 나갈 수 있을 것이다.

6.6 자사앱 설치 여부에 따른
　　　서로 다른 랜딩 마케팅

포털, 쇼핑 등 많은 서비스가 모바일 앱과 모바일 웹을 동시에 서비스하는 경우가 많다. 앱 마케팅에서의 관점에서 보면, 마케팅을 통해 앱을 직접 설치하는 것이 첫 번째 목표일 것이다. 하지만 경우에 따라 이미 앱을 설치한 사용자의 경우에는 광고를 누른 후 바로 해당 내용으로 연결해 주고자 하는 경우도 종종 발생한다.

이럴 때 사용할 수 있는 마케팅 기법이, 사전 앱 설치 여부를 판별한 이후에 광고 클릭 시 이동 화면을 서로 다르게 보내주는 방법이다. 즉, A라는 앱이 설치되어 있지 않을 경우에는 구글 플레이의 A앱 설치화면으로 보내주고, 이미 설치된 경우에는 광고 내용에 맞는 A의 모바일 웹페이지로 보내주게 되면 사용자는 광고 내용을 바로 확인할 수 있는 장점을 가지게 되는 것이다.

더 나아가 이미 설치되어 있는 A앱을 실행시켜주는 방법도 있다. 하지만 대부분의 모바일 광고 플랫폼은 이러한 기능을 제공해주지 못하고 있으며, 일부 매체에서만 서비스 차원에서 제공되고 있다.

이 경우 기술적인 부분은 오히려 더 간단하게 생각할 수 있다. 사전에 광고를 두 개 등록해 놓는다. 하나는 구글 플레이로, 또 하나는 모바일 웹페이지로 랜딩을 잡는다. 광고가 노출되기 전에 해당 앱의 설치 여부를 판별해 놓고, 설치 여부에 따라 적합한 광고번호를 진행하면 되는 것이다.

6.7 타겟 앱 설치 여부에 따른 마케팅

100만 개 이상의 앱이 구글 플레이에 존재하고 있지만, 사람들의 평균 사용 앱이 10여 개 정도밖에 되지 않는다고 한다. 이런 사용자들을 대상으로 앱 마케팅을 진행하기가 쉽지 않다. 내가 마케팅하고자 하는 앱이 어떤 사용자에게 관심거리가 될 수 있는 건지조차도 가늠하기 힘든 것이 현실이다.

그런데 어떤 사용자가 나의 앱과 직접 경쟁인 앱을 사용하고 있다고 가정해보자. 그 사용자가 바로 내 마케팅의 직접 타겟이라 할 수 있을 것이다.

이 경우에 할 수 있는 것이 바로 사용자의 앱 설치 정보를 통한 타켓 마케팅이다. 앱 마케팅이 진행되는 시점에 나의 앱 설치 여부를 알 수 있듯이, 다른 앱의 설치 여부 또한 알 수 있고 이를 활용하여 마케팅을 진행한다면 훨씬 더 효율적인 마케팅이 가능할 것이다.

가령, 자동차 관련 앱을 마케팅 하고자 한다면, 사전에 자동차와 관련된 가장 설치율이 높은 비교 앱을 선정하고 이 앱을 설치한 사람들에게만 마케팅을 진행하는 것이다. 또는, 자사와 직접 경쟁 관계에 있는 앱을 설치한 사람만 찾아서 마케팅 한다면, 명확한 타겟팅과 점유율 확보 측면에서 일거양득의 효과를 거두게 되는 것이다.

1 2 3 4 5 6 **7** 8

플랫폼 제휴를 이용한 앱 마케팅

7.1 For Kakao 앱으로 런칭하기

7.2 서비스 앱도 퍼블리싱이 가능하다?

7.1 For KaKao 앱으로 런칭하기

이제는 대한민국에서 카카오톡을 모르면 간첩이라고 해야 할까? 아니면 간첩도 카카오톡은 안다고 해야 할까? 2010년 초 처음 출시된 카카오톡은 대한민국을 대표하는 국민 앱으로 자리잡은 지 오래이며, 2012년부터 시작된 카카오톡 내의 게임센터는 국내 게임사들의 등용문이 되고 있다.

카카오톡은 전화번호부 기반 메신저 기능의 모바일 플랫폼으로 막강한 매체 파워를 가진지 이미 오래다. 또한, 카카오톡 기반의 다양한 공유 서비스를 바탕으로 그 영향력을 확대해 나가면서, 다양한 모바일 서비스들과 제휴를 맺고 있다. For Kakao란 타

이틀을 달고 있는 앱들이 이미 수백 개에 이르고 있다. 대부분이 게임센터 내의 게임이지만 특정 서비스 앱들도 눈에 많이 띈다.

카카오톡은 적어도 현재까지는 앱 마케팅을 위한 플랫폼은 아니다. 오히려 광고 플랫폼이 더 적당한 표현인 것 같고 더불어 게임을 포함한 디지털 콘텐츠를 보유한 서비스 앱과의 제휴를 통해 앱에 대한 마케팅은 카카오가 담당하고 이들 앱을 통해 발생하

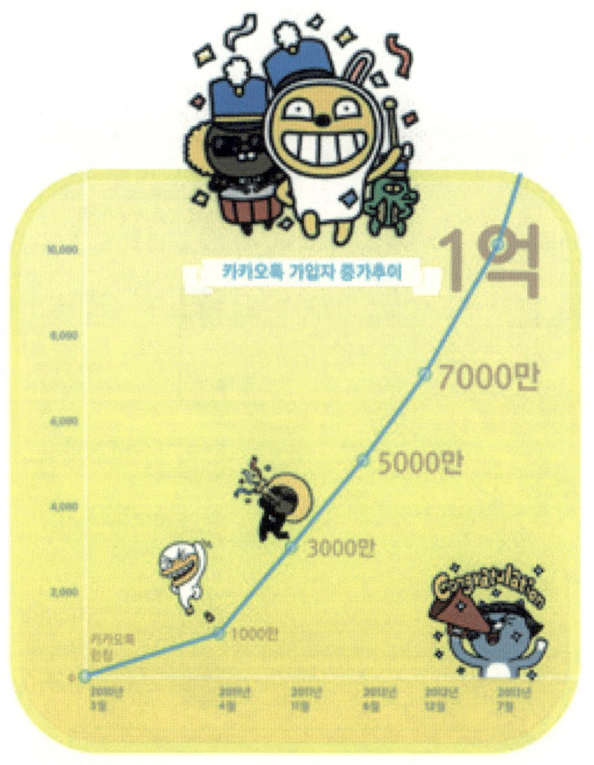

그림43. 카카오 홈페이지

는 수익을 나누는 방식으로 제휴가 이루어지고 있다고 보는 것이 맞을 것이다.

모바일 마케팅의 관점에서 보면 카카오를 활용한 다양한 마케팅이 가능할 것이나 여기에서는 조금이라도 앱 마케팅과 연관된 제휴를 몇 가지만 살펴보기로 하자.

첫 번째로는 카카오 플러스친구나 카카오 페이지, 스토리 플러

그림44. 카카오 내 화면

스 등을 통해 다양한 정보 및 이벤트를 제공하면서 서비스나 앱에 대한 브랜딩을 강화할 수 있다. 일례로 '책속의 한줄'이라는 도서 SNS앱은 스토리 플러스에도 동일 서비스를 하고 있는데, 소식을 받는 사람이 60만명에 이른다. 매일 60만 명에게 앱의 브랜드를 알리고, 앱 설치로의 유도가 가능한 것이다.

두 번째로는 게임의 경우, 카카오 게임센터에 입점하여 카카오톡 기반의 공유를 통해 자연스럽게 앱 마케팅이 가능할 것이다. 물론 최근에는 카카오게임의 진입 장벽이 낮아지면서 너무 많은 게임이 출시되어 카카오톡만으로 만족스러운 앱 마케팅 성과가 나오기 힘들어졌다.

세 번째가 For Kakao 타이틀을 달고 있는 서비스 앱들이다. 이들의 공통적인 특징은 디지털 콘텐츠를 보유하고 있어서 사용자

그림45. 카카오 홈페이지

가 구매할 수 있다는 것이다. 이러한 구매를 통해 수익이 발생하면 이를 카카오와 서비스 제공회사가 수익을 나누는 방식이다.

수없이 많은 앱이 계속 출시되고 있고 마케팅 자본을 많이 들이지 않고는 사용자에게 노출되기 힘든 상황임을 고려해 볼때 자신의 앱이 디지털 콘텐츠를 보유하고 있다면 For Kakao에 도전해 보기를 권한다.

다양한 노하우와 수많은 통계 정보를 보유한 카카오 같은 곳과의 제휴 추진은 자신의 앱에 대한 현재 수준을 객관적으로 가늠해 볼 수 있는 또 다른 척도가 아닐까하는 생각이 든다. 카카오와의 제휴는 http://with.kakao.com에서 진행할 수 있다.

7.2 서비스 앱도 퍼블리싱이 가능하다?

흔히 모바일에서 퍼블리싱이라 하면, 게임전문 개발사들과 계약을 맺고 운영과 앱 마케팅 등을 대신 해 주는 것을 이야기한다. 국내 출시되는 대형 게임의 상당 부분은 이러한 개발업체와 퍼블리싱 업체가 함께 만들었다고 해도 과언은 아닐 것이다.

많은 소규모 개발사들은 퍼블리싱 업체에 비해 상대적으로 영세하기 때문에 개발 후의 마케팅, 운영, 서버운용 등에 드는 비용을 감당하기가 힘에 부칠 수 있다. 또한, 하나의 게임에 집중했다가 그 게임이 안 되면 바로 망할 수밖에 없는 취약한 구조로 되어 있기 때문에, 기획 및 개발단계에서부터 좋은 퍼블리싱 업체와의 계약을 통해 리스크를 줄일 수도 있을 것이다.

퍼블리싱 업체 입장에선 어떠할까? 기획 단계에서 좋은 평가를 받은 여러 게임과 계약을 맺고 일부 개발비용을 제공하며 개발이 완료된 후에는 앱 마케팅과 운영 등을 지원한다. 통상 자금 여력이 있는 회사들이 대부분이고 여러 게임을 진행함으로 인해 개발업체에 비해 위험부담은 적다고 볼 수 있다. 몇 개중에 하나만 성공해도 충분히 유지될 수 있기 때문이다.

CJ E&M 넷마블, 위메이드, 게임빌 등이 국내 주요 퍼블리싱 업체들이며, 시기따라 틀리겠지만 모바일 게임이 활성화된 시기에는 이들 퍼블리싱 업체에 제안 검토를 받는 데에만도 6개월 이상이 걸리기도 한다.

그럼에도 불구하고, 앱 마케팅과 운영에 드는 자금 부담감을 없애고 개발에만 집중할 수 있는 장점이 있기 때문에 소규모 게임 개발사들은 가능하다면 퍼블리싱 계약을 맺는 것이 좋을 것이다.

서비스 앱도 퍼블리싱이 가능하다

그럼, 게임이 아닌 경우에는 퍼블리싱을 통해 얻을 수 있는 위험 감수의 혜택이 전혀 없는 것일까? 게임산업처럼 활성화되어 있는 것은 아니지만, 꼭 불가능한 것만은 아니다. 서비스 앱의 경우 확실한 수익모델을 가지고 있어야 한다는 전제가 달리지만, 의외로 쉽게 제휴성의 퍼블리싱 업체를 쉽게 찾을 수도 있다.

필자 또한 주변에서 어렵지 않게 몇 가지 사례를 찾아볼 수 있었다. 앞서 언급했듯이 게임산업처럼 활성화도 체계적이지 않기 때문에, 어찌 보면 단순한 제휴의 모델로 접근하는 것이 더 어울릴 수도 있을 것이다.

서비스 퍼블리싱 접근법에는 크게 두 가지가 있다.
첫째는, 마케팅 플랫폼과의 제휴이다. 마케팅 플랫폼들은 통상 외부 광고를 수주하여 매체(즉, 개발사 앱)들 또는 자사 마케팅 툴에 광고를 노출하고 이에 대한 수익을 나누는 구조이다. 그러나 특정 시기를 제외하고는 항상 광고가 존재하는 것은 아니다. 광고가 없다는 이야기는 운용매체 입장에선 노출공간을 의미없이 버린다는 것과 같은 의미이다. 이러한 활용 가능한 여유 노출공간에 자사 또는 제휴 앱을 홍보하기도 한다.

물론, 플랫폼 임의대로 외부 매체사의 공간을 무상으로 활용해서는 안 되지만, 이 부분은 플랫폼사들과 매체사간의 협의 사항으로 볼 수 있을 것이다.

어찌 되었건, 앱 마케팅이 가능한 마케팅 플랫폼사들과의 제휴를 통해, 앱 마케팅의 주 담당을 외부로 맡기고 개발에만 전념할 수 있다면, 앱의 우수성 확보에 큰 도움이 될 것이며 더불어 앱 마케팅에 투여되는 자금에 대한 위험 부담을 줄일 수 있을 것이다.

실제로 배너 네트워크를 운영하는 A광고 플랫폼은 한때 주변의 우수 서비스 앱들을 대상으로 퍼블리싱을 대행해 주고 해당 앱에서 나오는 다양한 수익을 나누기도 하였다. 게임의 비율에 따른 수익배분처럼 정교한 계약이 이루어지는 것은 아니지만, 일정 부분의 금전적인 마케팅 비용 지원과 이를 통한 수익배분이라는 기본적인 구조는 같다.

또 다른 사례로 프리로드 마케팅을 운영하는 B사는 수익모델이 명확하고 앱의 우수성은 검증되었으나 자본의 부족으로 앱 마케팅에 어려움을 겪는 C사에 자사 마케팅을 지원해 주는 대가로 C사의 지분을 취득한 사례도 있다. 현금 투자가 아닌 마케팅

지원이라는 현물 투자를 제공한 것이다. 마케팅이 가능한 B사와 마케팅이 필요한 C사가 서로 만족한, 앱 마케팅 퍼블리싱의 또 다른 사례로 볼 수 있을 것이다.

두 번째는 퍼블리싱 업체가 마케팅 플랫폼이 아닌 일반 대형 앱 개발사인 경우이다. 이미 방대한 사용자층을 보유한 앱 개발사가 자사 앱 사용자를 대상으로 앱 마케팅을 해 주는 대신에 이를 통한 수익을 나누는 방식이다. 앱 마케팅을 지원해 주는 것은 앞선 광고 플랫폼사와 유사한 구조이지만, 이번 경우에는 개발 앱과 퍼블리셔 앱의 주 사용자층이 동일해야 한다는 단서가 달리는 것이 유일한 차이일 것이다.

실제 하루 평균 50만 명 이상의 방문자를 보유한 D사는, 자사와 동일한 사용자층을 대상으로 E사가 개발한 앱에 대해 앱 마케팅을 무상으로 지원하고 이를 통해 창출되는 수익을 나누었던 사례도 있다. 명확히 퍼블리싱 구조라고 단정할 순 없지만, 앱 마케팅에 투여되어야 하는 자금 위험부담을 줄이면서 자사 앱을 시장에 알리고 평가받는다는 측면에서는 크게 다르지 않은 구조이다.

수익이 있어야
추가 마켓팅이 가능하다!

8.1 사용자에게 부담없는 제휴 마케팅

8.2 다양한 공간을 활용한 광고 수익

8.3 프리미엄 콘텐츠를 통한 수익 창출

8.4 광고 플랫폼만으론 부족하다

8.1 사용자에게 부담없는 제휴 마케팅

앱의 우수성도 확보하고 앱 마케팅을 통해 많은 사용자가 앱을 사용한다고 해도 앱 마케팅을 계속해야 할 것이다. 물론 그동안의 경험을 통해 나의 앱에 적합한 효율적인 마케팅 방법에 국한해 진행하겠지만, 어쨌든 앱의 지속적인 성장을 위해서는 지속적인 앱 마케팅이 필수적이다.

지속적인 앱 마케팅을 위해서는 앱을 통한 수익 창출이 선행되어야 한다. 이제부터는 사용자를 확보한 앱들이 얻을 수 있는 수익 구조에 대해 논의해 보고자 한다.

온라인에서나 모바일에서나 서비스를 운영하는 담당자들은 항상 같은 고민을 한다. 사용자들을 위해서는 광고 공간 등을 없애고 서비스에 몰입할 수 있는 구조를 짜야 하지만, 수익을 고민하면 여기저기에 다양한 광고 영역을 제공해야만 하는 딜레마에 빠지는 것이다. 솔직히 가장 큰 고민거리는 사용자들이 가장 중요하게 생각하는 서비스 영역이 광고 효과도 가장 좋다는 것이다.

앱의 종류와 성격에 따라 다르겠지만, 대부분의 앱은 메인 수익 구조를 갖추고 있을 것이다. 트래픽을 통한 광고 수익이라던가, 물건 판매를 통한 판매수수료라던가 등등.

사용자들에게 가장 부담 없는 수익 구조는 메인 수익구조 이외에 관련 매체들과의 제휴 마케팅일 것이다. 메인 수익 외에 사용자들에게 크게 부담이 되지 않고 오히려 정보나 서비스를 제공하는 형태로 수익을 얻을 수 있다면 가장 좋은 경우일 것이다.

개별적인 앱에 대한 정확한 제휴 수익 제시가 어려운 관계로 여기에서는 몇 가지 사례를 제공하고자 한다. 나의 앱에는 메인 수익 외에 어떤 추가적인 제휴 수익을 얻을 수 있는지 각자 고민해 보기 바란다.

국민 게임인 애니팡, 다함께차차차 등을 보면, 게임 진행을 위해서 지인끼리 하트 또는 타이어 등을 제공함으로써 지속적인 게임이 가능한 경우가 많다. A사는 게임을 출시하는데 이런 게임 횟수를 늘리는 소재로 음료수를 선택하였고, 이를 음료회사와의 제휴를 통해 노출에 따른 제휴수익을 얻을 수 있었다. 메인 수익은 게임 아이템 판매지만, 이와는 무관하면서 사용자의 사용성을 전혀 해치지 않는 제휴를 통한 수익을 창출할 수 있었다.

B사는 여행 정보를 제공하는 서비스 앱을 운영하고 있다. 많은 트래픽을 유발해 이에 따른 다양한 광고 수익과 여행 상품 판매에 따른 판매수수료를 주 수익으로 하고 있다. 우연한 기회에 소셜 쇼핑과의 제휴를 하게 되었고, 앱 내에 제공되는 여행정보와 연관된 소셜 쇼핑의 상품을 제시해 주고 이를 통해 소셜로 유입되는 트래픽에 대해 수익을 창출시키게 되었다. 공간을 차지하고 관련 없는 광고가 나오는 배너에 비해서 연관 상품 추천이라는 취지로, 노출되는 유명 소셜 상품에 대한 거부감 없이 이를 통해 추가적인 수익을 창출한 사례이다.

C사는 유머, 동영상 등 자투리 시간에 재미 삼아 볼 수 있는 가벼운 정보를 제공해주어 하루 10만 명 이상이 방문하는 앱을 서비스 중이다. 주 수익모델은 앱 하단에 장착된 띠 배너와 전면광

고 배너이다. 주로 10대~20대 사용자층이 많고 연예인에 관심이 많은 것에 착안하여, 다양한 콘텐츠를 보유하고 있으면서 모바일의 트래픽을 확대하고자 하는 포털사와 제휴를 추진하게 되었다. 앱 화면 하단에 현재의 실시간 연예 뉴스를 제공해주고 이를 클릭하게 되면 제휴된 포털 사이트로 사용자를 보내주는 것이다. C사는 이를 통해 배너 광고라는 주 수익 이외에 사용자들이 관심 있어 하는 콘텐츠를 제공하면서 부가적인 제휴수익을 올리게 되었다.

위의 사례들처럼, 주 수익 이외에 사용자에게 정보나 서비스 형태로 무언가를 제공해 주면서 추가로 수익을 얻을 수 있는 다양한 방법들이 존재할 수 있으니, 자신의 앱이 어떤 제휴가 가능할 수 있는지 끊임없이 고민해 보는 것이 중요하다.

8.2 다양한 공간을 활용한 광고 수익

언론사들의 온라인 뉴스사이트를 생각해 보자. 브라우저를 통한 넓은 공간이 있기 때문에 심하다고 생각할 정도로 이곳저곳에 다양한 광고들을 많이 노출하고 있다. 모바일 앱은 어떨까? 작은 공간에 하단 배너광고 영역만으로도 서비스 영역을 침범하는 듯한 느낌까지 받을 수 있다.

모바일 초기 배너 네트워크사들이 본격적으로 등장하면서부터 많은 앱이 수익창출을 위해 하단에 배너를 장착하기 시작하였다. 없던 배너가 등장하자 일부 사용자들은 서비스에 영향을 끼친다는 이유로 반발하기도 하였다. 하지만 일정 시간이 지난 후에는 당연하다는 듯이 받아들이고 있다. 물론, 해당 앱의 서비스가 우수하기 때문일 수도 있을 것이다.

앱 하단의 띠 배너 영역 이외의 영역에서 수익을 창출할 수 있는 몇 가지 사례를 보도록 하자. 물론 앞선 내용에서 일부 무보상 마케팅의 영역으로 소개되기도 하였지만, 매체로써 수익을 창출하기 위한 방법으로 접근해 보는 것도 좋을 것이다.

첫 번째로, 최근 차별화된 특정 정보를 제공하는 우수 앱들을 보면, 과거보다 더 많은 영역에서 광고를 노출하고 있다. 앱을 처음 실행했을 때 초기 로딩 전면광고를 내보내고 있고, 서비스 중에는 하단에 배너 광고 그리고 앱을 종료할 때 종료 전면 배너를 내

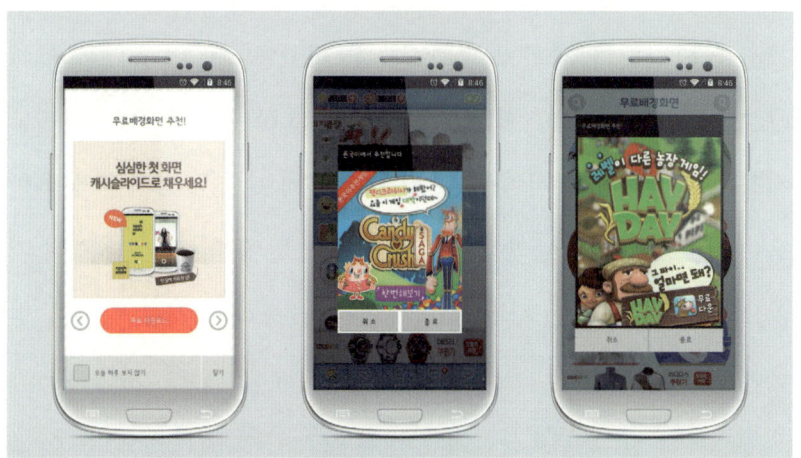

그림46. 전면배너, 하단배너, 종료배너

보내기도 한다.

그렇다면 광고가 많다고 사용자 수가 줄어들까?
우수 서비스 앱들의 경우, 다양한 영역의 광고 노출에도 불구하고, 사용자들이 앱 서비스에 만족하면서 꾸준히 사용자가 늘고 있는 사례도 다수 있다. 결국, 일부 사용자들이 반발하고 약간의 불편함을 초래하게 되더라도 서비스의 우수성만 보장된다면 다양한 공간에서 광고를 노출하는 것이 불가능한 것만은 아닐 것이다. 오히려 사용자들은 별로 신경 쓰지 않는 부분임에도 개발사 스스로 사용자 배려차원에서 다양한 수익을 포기하고 있는 것은 아닌지 하는 생각마저 들기도 하다.

두 번째로는, 앱 사용자들이 반드시 거쳐야 하는 메인 화면에서, 잠시 나타났다가 사라지는 방식으로 광고영역을 사용하는 것이다. 일명 플로팅 광고, 버블 광고라도 불린다. 특정 광고가 있는 시점에만 하단에 잠시 나타나 집중도 있게 보여주고 사용자의 반응이 없으면 바로 사라짐으로써 사용자들에게 큰 부담을 주지 않으면서, 관심 있는 사용자들의 반응을 통해 추가로 수익을 얻을 수 있다.

그림47. 플로팅, 버블광고

세 번째로는, 인스토어 방식이다. 모든 스마트폰 사용자들은 앱에 대한 니즈를 가지고 있을 것이다. 일부러 스토어를 찾아 들어가지 않을 뿐이지 우연히라도 자신에게 꼭 필요한 앱이 보인다면 바로 설치할 수 있는 잠재 사용자들이다.

인스토어는 기존 앱의 아주 작은 영역에 버튼식으로 제공된다. 사용자들에게는 당연히 앱 추천 개념의 서비스로 제공된다. 카테고리별 우수 앱에 대한 소개와 최신의 인기 게임, 그리고 랭킹 순위까지 제공함으로써 앱을 사용하면서 추가 체류시간이 늘어나고 그 와중에 필요한 앱을 다운받아 사용하게 되는 것이다.

인스토어에서 제공되는 앱 중에는 일부 유료 무보상 마케팅을 진행하는 앱들이 포함되어 있다. 이를 통해 인스토어를 장착한 개발사들과 수익을 나누는 구조로 제공된다.

그림48. 신규 무보상 마케팅 플랫폼 "인스토어"

8.3 프리미엄 콘텐츠를 통한 수익 창출하기

배너 등의 광고가 주 수익모델인 앱들은 수익을 예측할 수 없다는 한계를 가지고 있다. 장착한 배너 네트워크사들로부터 광고 물량을 받게 되는데 이에 대한 안정적인 보장을 받기가 쉽지 않다. 통상 광고의 성/비수기에 따라서 노출되는 광고의 단가나 노출빈도가 많이 바뀌기 때문이다.

서비스나 정보를 제공해주는 앱인 경우, 일부 우수 내용을 프리미엄 콘텐츠로 전환할 수 없는지를 고민해 볼 필요가 있다. 최근에는 거의 찾아볼 수 없지만, 과거에는 동일한 앱을 유료 무료로 출시한 경우도 많이 있었다. 무료에는 배너 광고가 달려 있고 유료에는 배너 광고가 없는 것이다. 배너를 뺀 앱을 프리미엄으로 볼 수도 있을 것이다. 이 경우는 앱 전체를 대상으로 한 것이고, 하나의 앱 안에서 제공 정보를 구분하여 프리미엄과 일반을 구분할 수 있다면 다양한 추가 수익 구조를 만들 수 있을 것이다.

일단 프리미엄 서비스를 구분할 수 있다면, 이런 서비스의 가치를 포인트로 환산하여 리워드 네트워크와의 제휴를 통해 마치 게임의 충전소처럼 포인트를 제공해 줄 수 있을 것이다. 가령 내비게이션 앱에서 블랙박스 기능이 가능한 프리미엄 서비스가 있다고 하자. 이를 사용하기 위해서는 포인트가 필요하고, 포인트가 하루하루 1포인트씩 소진되는 구조라면, 이는 게임의 포인트 같은 구조가 형성되는 것이다. 사용자가 굳이 직접적인 비용을 치르지 않아도 제휴된 리워드 네트워크에서 제공해 주는 충전소를 활용하여 수익을 얻을 수 있을 것이다.

A업체는 국내 최고의 폰 데코레이션용 앱을 운영하고 있다. 사용자가 자기만의 폰을 꾸미기 위해서는 앱이 제공해 주는 수많은 디자인 중에서 자기가 원하는 곳을 선택하면 된다. 이때 제공되는 디자인의 수준에 따라 프리미엄 서비스로 구분하고 있다. 최신 유행의 예쁜 캐릭터가 들어간 디자인을 사용하려면 프리미엄 서비스에 가입하여야 하고, 가입하기 위해서는 개발사가 사전에

정해놓은 특정 앱을 설치해야만 하는 구조이다. A업체는 이러한 프리미엄 사용자들을 통해 추가 수익을 창출하고 있다. 물론, 앱과 서비스의 우수성이 담보되기 때문에 가능한 사례이다.

결국, 우수한 프리미엄 콘텐츠만 보유하고 있다면 충분히 다양한 방법을 통해 추가적인 수익을 창출할 수 있고 이를 통해 추가적인 마케팅이 가능하게 되는 것이다.

8.4 광고 플랫폼만으론 부족하다

앱 개발사들이 수익창출을 위해 가장 많이 사용하는 방법이 배너 광고 플랫폼을 적용하는 것이다. 애드몹, 인모비 등 글로벌한 플랫폼을 비롯하여 다음의 아담, 카울리, 쉘위애드 등등 10여 개 이상의 배너 광고 플랫폼들이 서비스 중이다. 더 나아가 애드립과 같이 여러 플랫폼을 최적화하는 미디에이션 기능의 서비스도 등장해 있다.

이들은 국내 스마트폰 출시 6개월 후부터 단순 노출과 클릭만을 위한 서비스로 시작하여 지금까지 진화하면서 발전하고 있다. 초기에는 개발사들에게 제공되는 관리 화면도 부실했고, 단가 산정과 정산 등에서도 많은 문제가 야기되면서 개발사 사이에 공공의 적으로까지 불리기도 했다.

하지만 앱 개발사들이 별도의 영업 조직을 갖추고 직접 영업을 할 수 없는 상황에서, 광고주 영업과 관련 시스템의 통합 관리를 제공해 주는 광고 플랫폼사들은 없어서는 안 될 중요한 파트너로 인식되어 자리매김하게 되었다.

신규 서비스가 나오면 흔히 있을 수 있는 초기 상호 간의 불신과 갈등을 넘어서, 이제는 어느 정도 안정적인 서비스와 투명한 정산관리가 자리 잡았다고 보아도 무방할 것이다. 초기에 공개되지 않았던 클릭당 단가의 공개, 광고의 유료 노출 비율을 알려주는 fill-rate의 공개, 실시간 클릭 수 공개 등이 대표적으로 업그레이드된 내용이라고 할 수 있다.

광고 플랫폼들은 다양한 기술을 적용하여 여러 형태로 서비스 상품을 제공하고 있지만, 대표적이라고 할 수 있는 상품은 단연 띠배너와 전면화면 광고일 것이다. 띠배너는 오클릭 비율이 높다는 한계가 있고 전면광고는 사용자들의 반발이 크다는 한계가 있지만, 광고주 선호 등의 이유로 대표 상품으로 자리를 지키고 있다.

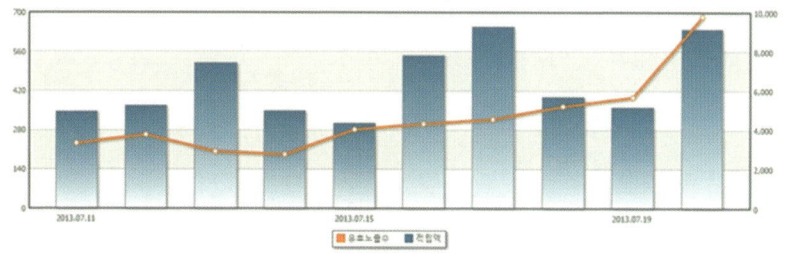

그림49. 광고플랫폼의 관리자 화면

그렇다면, 앱 개발사들은 이들 서비스를 통해 얼마만큼의 수익을 창출할 수 있을까?

개발사들의 수익은 크게 노출 수와 유료광고 노출비율, 클릭률, 그리고 클릭당 단가가 좌우하게 된다. 노출 수는 앱의 우수성과 직접적인 상관관계를 가진다. 앱이 우수하여 많은 사람이 자주 방문하고 체류 시간이 길다면 광고의 노출 수는 이에 비례하여 높아질 것이다.

유료광고 노출비율은 광고 플랫폼에 따라 다르게 적용된다. 상당수의 앱 개발사는 광고가 노출되거나 클릭이 일어나면 이 모두가 수익이라고 생각하고 있다. 그러나 노출되는 모든 광고가 유료는 아니다. fill-rate라 불리는 광고 노출률이 전체노출 대비 유료광고의 노출 비율을 나타내 준다. 결국 fill-rate는 앱 개발사가 광고 플랫폼을 선택할 때 아주 중요하게 보아야 할 요소이다.

클릭률은 앱에 대한 고객 충성도, 광고의 디자인, 새로운 광고의 노출 등 여러 변수에 따라 달라진다. 통상 띠배너의 경우는 0.4~0.7% 정도이며, 전면광고의 경우는 1.0%~2.0% 정도의 클릭률이 나타난다.

마지막으로 클릭당 단가는 역시 광고 플랫폼에 따라 다르게 산정된다. 경우에 따라서는 노출당 단가로 산정되는 광고도 존재하는데, 이럴 경우 광고 플랫폼이 자동적으로 노출대비 수익으로 적용하여 준다. 본 예시에서는 클릭당 단가만으로 가정해보자.

위에 언급한 이 네 가지를 곱하게 되면 앱 개발사의 수익이 된다. 예를 들어 한 달에 10,000,000 노출이 일어나는 앱이 있다고 가정하자. 앱 개발사가 선택한 광고 플랫폼의 유료광고 노출비율이 한 달간 평균 80%라고 가정하고, 클릭률이 0.5%라고 가정하자.

클릭당 40원을 앱 개발사가 받아간다고 한다면, 앱 개발사의 수익은 10,000,000*0.8*0.005*40=1,600,000원이 된다. 물론 광고의 최적화 작업들을 통해 어느 정도 수익을 끌어올릴 수는 있을 것이다.

하나의 앱에서 한 달에 천만번의 광고 노출을 지속적으로 유지하기는 쉬운 일이 아니다. 그럼에도 불구하고 띠 배너로 올릴 수 있는 수익이 고작 한 명의 인건비 수준밖에 되지 않는 현실이 안타까울 따름이다.

즉, 단순히 띠배너만 달고 수익이 적다고 포기하지 말고 앱의 우수성을 지속적으로 높이면서 앱의 성격에 맞도록 앞서 언급한 다양한 수익모델들을 잘 조합하고 기본 광고 플랫폼의 최적화 등 수익에 대한 지속적인 관심을 가져야 한다. 그래야만 앱을 만들고 운영하는 데에 대한 정당한 대가를 받을 수 있을 것이다.

APPENDIX 1

부록1. 앱 성공을 위한 필수 7단계

1단계 : 잘 만들어라

2단계 : 잘 꾸며라

3단계 : 마케팅 전에 사용자 행태분석은 필수다

4단계 : 분석 결과를 반영한 후에 마케팅을 준비하자

5단계 : 앱 마케팅은 전문 회사와 논의라하라

6단계 : 앱 마케팅의 핵심은 효율이다

7단계 : 마케팅의 결과 분석도 필수다

1단계 : 잘 만들어라

앱의 성공은 앱 마케팅의 효율 이전에 앱의 우수성이 가장 중요하다고 누차 이야기했다. 수많은 앱이 존재하는 상황에서, 사용자들에게 노출되기 위해서 또는 평가를 받기 위한 앱 마케팅이 필요한 것은 사실이나, 앱이 우수하지 않다면 마케팅은 아무런 의미를 주지 못할 것이다.

단순히 모바일에 어울리는 아이디어로 앱을 만든 것은 아닌지, 내가 사용자라면 정말 잘 사용할 수 있는 앱인지, 앱의 정체성에 맞는 기능이 제대로 그리고 편리하게 구현되어 있는지도 다시 되새겨봐야 할 것이다.

이제는 빨리 만들거나, 최초로 만드는 것은 의미가 없다. 기존에 없는 아이디어이기 때문에 무조건 잘 될 것이라는 생각은 버려라. 제대로 만드는 것이 가장 중요하다.

또한, 사용자들의 높아진 눈높이를 고려한 멋진 디자인으로 개발되었는지도 중요한 요소이다. 자신의 스마트폰 홈 화면에 배치되어 있을 때 창피하지 않아야 하고, 앱을 사용하는 화면에 나오는 다양한 디자인이 정말 사용자를 위해 정성껏 준비된 화면인지도 중요하다. 모든 사람은 자신이 대접받기를 바란다. 대충 만들어진 앱을 사용자들은 배려하지 않는다.

이렇게 앱의 핵심적인 기능, 서비스 그리고 디자인이 완벽하다면 이 앱을 다운받은 사용자들에게 사랑받는 앱이 될 것이고, 이는 사용자 행태분석을 통해 바로 확인될 것이다.

2단계 : 잘 꾸며라

1단계에서 언급된 잘 만들어진 앱에 대한 평가는 앱을 다운받아 사용한 사용자들을 통해서 알 수 있다. 하지만 앱에 대한 사전정보를 인지했든지 아니면 우연히 앱에 대한 정보를 접했든지 간에 예비 사용자들이 다운받는 과정에서 대부분 이탈한다면 정말 가슴 아픈 일이 될 것이다.

아무리 앱이 우수하다 하더라도 사용자들이 다운받아 사용하지 않는다면 의미 없는 일일 것이다. 자신이 만든 앱에 대한 포장도 중요하다. 앱이 가진 장점은 앱을 만든 당사자가 가장 잘 알고 있을 것이다. 이를 사용자들에게 노출시키고 다운받는 단계에서 전환율을 높이기 위한 다양한 노력을 기울여야 한다.

가장 큰 관심을 가져야 하는 화면이, 구글 플레이의 앱 소개 화면이다. 어떤 경로가 되었던 예비사용자들이 앱 소개 화면까지 도달했다고 치자. 여기서 앱에 대한 확실한 믿음을 심어주어야 한다. 앱에 대한 성의 있는 설명을 제공하고, 많은 사람이 만족하며 사용하고 있고, 깔끔한 디자인 이미지를 통해 앱을 소개하고 있고, 믿을 수 있는 서비스가 지속적으로 제공되고 있어서, 내가 앱 사용자로서 존중받고 있다는 믿음을 주어야 한다.

설치화면에 대한 성의 있는 노력은, 설치 전환율의 상승을 가져다 줄 것이며 집행되는 앱 마케팅의 효율을 극대화하는데 있어서 가장 중요한 역할을 하는 부분이기도 하다.

3단계 : 마케팅 전에
　　　　사용자 행태분석은 필수다

좋은 앱을 만들었고, 이를 사용자들에게 잘 알릴 수 있는 성의 있는 준비가 완료되었다면, 이제 앱 마케팅 준비가 아닌, 자발적으로 다운받아 앱을 사용하는 사용자들에게 관심을 가져보도록 하자. 아직까지도 앱 마케팅은 절대 중요한 것이 아니다.

별도의 비용을 들이지 않고, 주변 지인들이나 자체적으로 활용할 수 있는 소소한 마케팅 홍보를 통해 통계적으로 유의미한 숫자의 사용자들의 앱 잔존율, 재방문율, 앱 실행률 등의 기본적인 사용자 행태분석을 지표로 확인해 보는 것이 필수적이다.

초기 사용자들의 솔직한 반응을 통해 이후 앱 마케팅에 대한 방향을 잡을 수 있을 것이다. 앞에서 설명했듯이 국내외 다양한 사용자 분석 툴들이 존재한다. 최근에는 SDK 삽입이 간소화되어 있기 때문에 아주 간단하게 분석 툴을 적용할 수 있다.

내 앱을 쓰는 사람들의 행태를 부가적인 궁금증이 아닌 우수 앱의 필수 항목으로 인지하여 앱 등록 전에 반드시 사전준비를 해야 할 것이다.

4단계 : 분석결과를 반영한 후에 마케팅을 준비하자

사용자들의 기본적인 앱 사용 행태분석이 이루어졌다면, 통상 이 시기에 앱에 대한 중요한 일차적인 의사결정을 하게 된다. 통상 의사결정은 크게 3가지로 나누어지게 되는데, 첫 번째는 바로 본격적인 앱 마케팅에 돌입하는 것이고, 두 번째는 문제가 되는 부분에 대한 보완작업이 이루어지는 것이고, 세 번째는 안타깝지만 앱을 포기하는 것이다.

의사결정은 결국 사용자들의 앱 사용행태 분석이 만족스러우냐 그렇지 않으냐에 따라 결정될 것이다. 잔존율과 재실행률이 현저히 낮다면 앱으로서의 존재는 이미 없는 것이나 마찬가지이다. 이는 앱을 만드는데 들어간 고생과 노력과는 상관없는 것이다. 다만 문제가 되는 부분에 대해 충분히 보완할 수 있는 여력이 있다면 앱 마케팅을 늦추는 한이 있어도 보완 후 다시 도전하는 것이 맞다. 아주 낮은 분석결과에도 불구하고 흔히 말하는 매몰 비용, 즉 지금까지 투입된 개발비용 아까워서 앱 마케팅을 진행한다면 이는 추가적인 손실만을 가져올 것이다.

5단계 : 앱 마케팅은 전문회사와 논의하라

의미 있는 사용자들의 행태분석 결과를 받았다면, 이젠 본격적으로 앱 마케팅을 준비해야 하는 시기가 된 것이다. 이때 중요한 것은 어떤 마케팅 회사와 진행하느냐는 것이다. 대형 온라인 광고 대행사들도 있고, 앱 마케팅을 직접 진행하는 채널사들도 있을 것이다.

규모 있는 온라인 광고대행사들의 경우, 통상 아직까지 모바일 앱 마케팅에 전문적이지 않아서 미디어랩사에 다시 재의뢰하는 경우가 대부분이다. 몇 단계의 과정을 거침으로써 내 앱과 궁합이 맞는 마케팅 채널을 찾기 힘들어지고 의사소통에도 많은 문제가 발생한다.

앱 마케팅 채널과 직접 논의하는 경우, 해당 마케팅 상품에 대한 상세한 정보를 얻을 수 있는 장점이 있지만, 단점도 많이 있는 것이 사실이다. 어느 회사나 그렇듯이 항상 자사 마케팅 상품이 최고일 수밖에 없다. 경쟁사나 다른 앱 마케팅 방법을 추천해 줄 리는 없을 것이다.

결국, 제3자 관점에서 객관적인 앱 마케팅 채널 선정이 가능하고, 과거 다양한 앱 마케팅 경험치를 가지고 있는 앱 마케팅 전문회사와의 협의를 거친 후 마케팅이 집행되어야만 최소한의 비용으로 최고의 마케팅 효율을 가져다 줄 수 있을 것이다.

시장에서는 이미 보상형 앱 마케팅, 배너 네트워트 마케팅, 무보상형 앱 마케팅에 대한 전문회사들이 자리매김하고 있고, 최근에는 이들을 모두 아우르는 앱 마케팅 전문회사들도 속속 등장하고 있다.

6단계 : 앱 마케팅의 핵심은 효율이다

실제 앱 마케팅이 진행된다면, 이제는 효율 싸움이 될 것이다. 이미 사용자들의 행태분석을 통해 오가닉 유저 유입에 따른 앱의 활용 정도는 예측할 수 있게 되었다. 적은 비용으로 얼마나 많은 사용자를 다운받아 사용하게 할 것이냐가 중요한 요소가 될 것이다.

앱과 마케팅은 궁합이 맞아야 한다. 동일 마케팅 방법이 앱에 따라서 20배 이상 차이 나기도 하고 통상 2배~5배는 쉽게 차이 나기도 한다. 이는 단지 설치화면을 잘 꾸며서 될 수 있는 문제는 아니다. 마케팅이 진행되는 채널(앱 등)의 사용자 성향과 광고 앱의 사용자 성향이 잘 맞아야 하는데 이를 사전에 검증하기는 쉽지 않다. 그래서, 설치당 단가(CPI) 방식이 아닌, 노출이나 클릭을 기준으로 하는 마케팅을 진행할 경우에는 반드시 최소한의 금액만으로 사전 적합도 테스트를 해 볼 것을 강력히 권장한다.

7단계 : 마케팅의 결과 분석도 필수다

다양한 채널을 통해 마케팅을 진행하였다면, 이젠 결과 분석을 해야 할 것이다. 통상 대형 게임회사나 서비스 회사들의 경우, 마케팅 채널별로 다양한 결과를 분석하여 관리한다. 투입된 비용 대비 설치 수에 대한 분석은 기본이며, 채널별로 유입된 사용자들의 행태분석을 통하여 결과적으로 어떤 마케팅 채널이 나의 앱과 잘 맞는지를 알게 되는 것이다.

이러한 마케팅 결과분석은 향후 집행되는 마케팅에 반영되어 지속적인 마케팅 효율을 가져다줄 것이며, 이렇게 모인 방대한 데이터는 앱 서비스의 질을 향상하는 데 활용되기도 한다. 다만, 현실적으로 게임 앱의 경우는 출시되는 게임에 따라 서로 다른 성향을 보이기 때문에 과거 집행했던 마케팅 채널이 항상 높은 효율만을 안겨 주지는 않았고, 서비스 앱의 경우는 마케팅 채널의 모수(사용자 수) 한계로 인하여 지속적으로 추가 채널을 찾아야 하는 문제도 발생한다.

이유가 어떻건, 나의 앱과 마케팅 채널, 그리고 앱 사용자에 대한 지속적인 관심과 노력이 있어야 고효율의 마케팅을 지속하는 것이 가능하며 이는 궁극적으로 앱의 성공으로 귀결될 것이다.

APPENDIX 2

부록2. 앱 사용자 분석 툴 소개

1. 애드브릭스
2. 구글 애널리틱스
3. 파티트랙
4. 플러리

1. 애드브릭스 Adbrix

보상형 앱마케팅 전문회사인 IGAWorks가 서비스 중인 애드브릭스(ADbrix)는 모바일 앱 분석/마케팅/트래킹 기능을 제공하고 있다. 앱 이용자 분석에 특화된 지표를 제공할 뿐만 아니라, 보상형 캠페인을 위한 AD-Network 인벤토리를 통합 사용할 수 있어 여러 번의 연동작업이 필요 없다. 또한, 애드브릭스 내에서 자체적으로 제공 중인 트래킹 링크 기능을 활용하여 다양한 채널을 통해 유입된 유저의 실행, 리텐션, 매출 등을 각각의 채널별로 볼 수 있다.

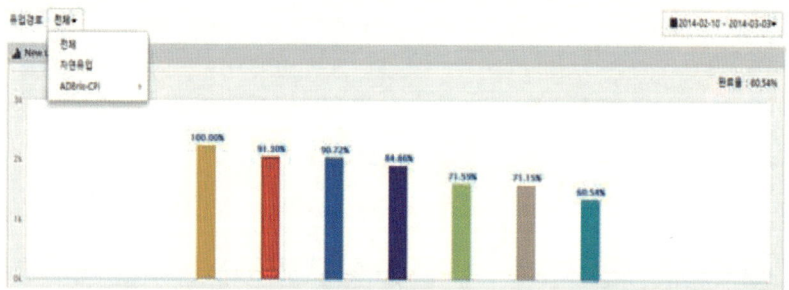

그림50. 신규 유입 유저에 대한 퍼넬 분석

그림51. 일자별 매출분석

그림52. 트래킹 링크를 통한 유입채널별 지표분석

부록2. 앱 사용자 분석 툴 소개 227

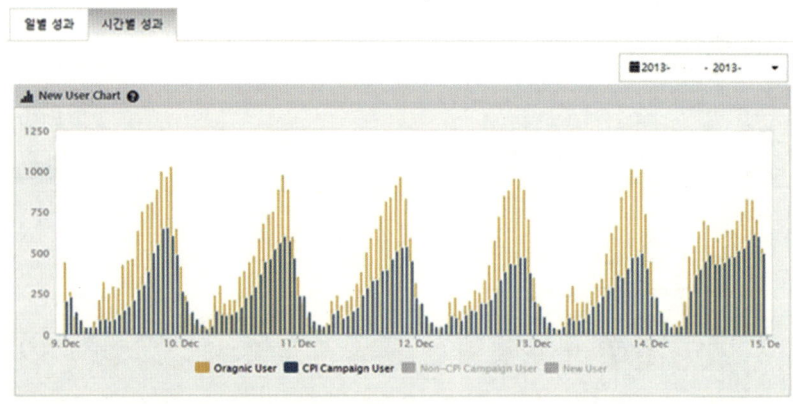

그림53. 시간대별 유저 유입결과 분석

2. 구글 애널리틱스 Google Analytics

세계 최대 포털 사이트인 구글에서 서비스 중인 구글 애널리틱스(Analytics)는 모바일 앱은 물론 웹 사이트, 소셜네트워크, 광고 등 다양한 분야에서 필요한 데이터를 분석할 수 있는 기능을 제공한다. 계정 생성 시 부여되는 추적코드를 통해 손쉽게 원하는 데이터를 추출할 수 있다. 구글 애널리틱스는 방대한 양의 고급 분석 데이터를 무료로 제공하면서도, 나타나는 지표나 그래프 등의 퀄리티가 뛰어나 많은 개발사가 이용하고 있다.

그림54. 신규 유입 vs 재방문 유저에 대한 퍼넬 분석

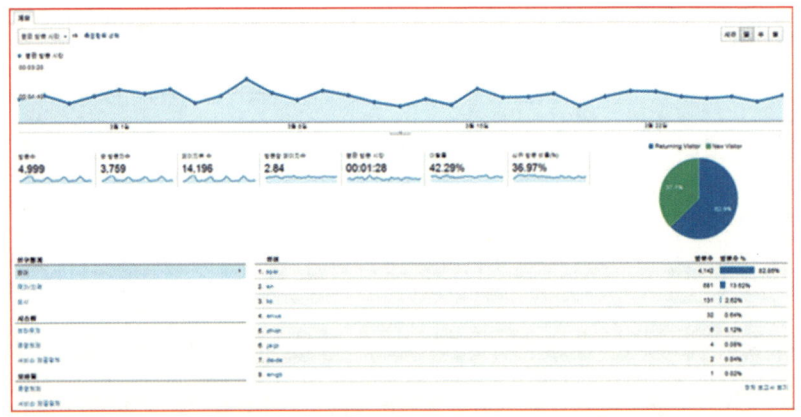

그림55. 방문 유저에 대한 활동시간 분석

그림56. 글로벌 대시보드 분석

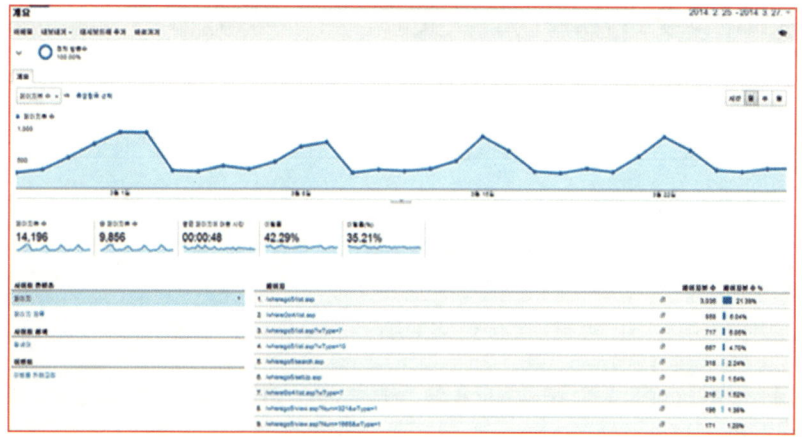

그림57. 각 메뉴별 페이지뷰 분석

부록2. 앱 사용자 분석 툴 소개 231

3. 파티트랙 PartyTrack

페이스북 모바일 매저먼트 파트너인 애드웨이즈 인터렉티브가 제공하는 전 세계 앱 전용 광고효과 측정시스템인 파티트랙은 일, 월, 시간별 유입 경로, 인앱 결제액, 사용자 행동 수치 등을 분석하여 여러 개의 프로모션 채널의 통합 효과 분석이 가능하다. 또한 파티트랙 이용자에게 '앱 드라이버' 서비스를 제공하여 각국 1,000개 이상의 앱 매체에 광고를 게재할 수도 있다.

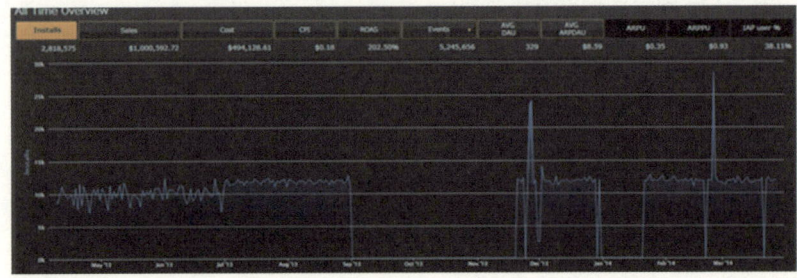

그림58. 일자별 광고 효과 분석

그림59. 신규 설치 유저에 대한 퍼넬 분석

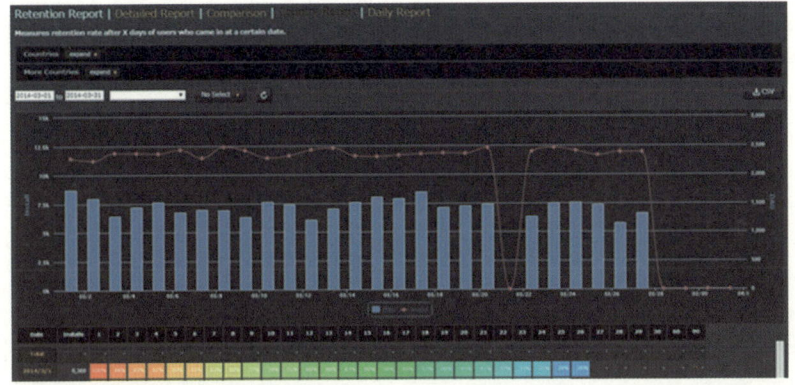

그림60. 일자별 잔존율 분석

그림61. 30일간의 유저 잔존 및 매출 분석

4. 플러리 Flurry

플러리는 글로벌 모바일 시장 분석회사이며, 전 세계적으로 400,000개 이상의 앱이 플러리 앱 분석 서비스를 통해 데이터를 분석하고 있다. 플러리는 이를 통해 수집되는 다양한 모바일 시장의 빅데이터를 분석하고 통계화하여 시장에 제공해 주고 있다.

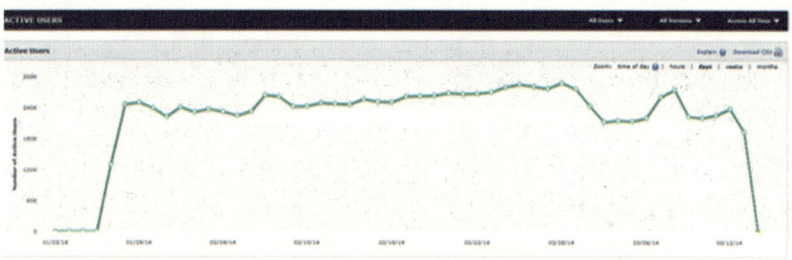

그림62. 기간별 액티브 사용자 정보

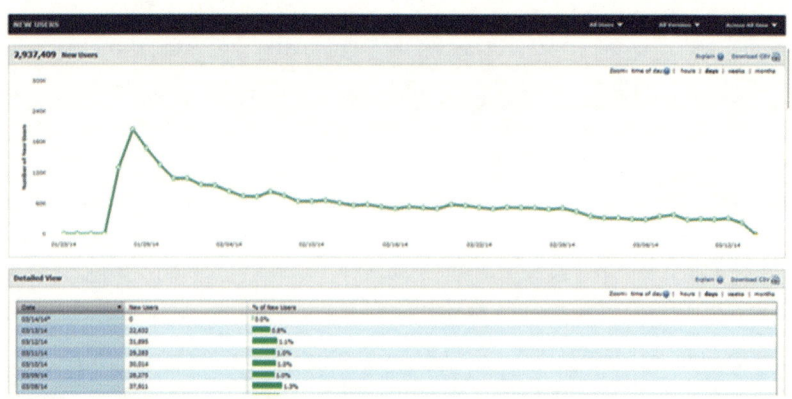

그림63. 기간별 신규 사용자 유입 정보

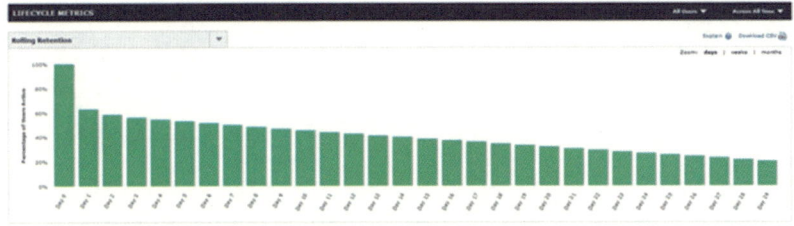

그림64. 유입 사용자들의 30일간 잔존 정보

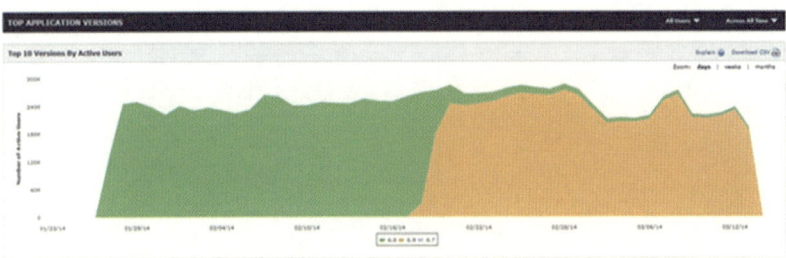

그림65. 앱 버전별 사용자 정보

맺는 글

지금까지 앱 마케팅에 관해 살펴보았다.

크게는 보상형 마케팅과 무보상형 마케팅에 대해, 그리고 제휴를 통한 마케팅 방법과 콘텐츠를 이용한 방법 등 여러 앱 마케팅 방식을 각각 설명하였다. 더불어 앱 마케팅 이전에 앱 우수성에 대해서도 강조하였다. 앱은 밑 빠진 독에 물 붓기와 유사하여 앱이 우수하지 않으면, 아무리 효율 높은 마케팅도 의미가 없다고도 했다.

트렌드와 시장 상황은 계속 변하고 있으며 마케팅도 그렇다. 요즘의 마케팅 트렌드는 보상형에서 무보상형으로 가고 있다. 일회성의 순위 올리기보다는 진성유저 확보에 더 큰 가치를 두고 있는 것이다.

트렌드는 그렇게 가고 있지만, 실무를 하는 입장에서 마케팅하기 쉬워진 것은 아니다. 통상 많은 물량을 단발성으로 진행하는 보상형 CPI 마케팅에 비해, 지속적이면서 자의적인 다운로드를 위한 무보상형 마케팅의 경우는 지속적인 물량확보가 쉽지 않고,

CPM/CPC 과금에 따른 설치당 단가의 예상이 어렵다는 것이다.

필자의 포커스엠은 이러한 무보상형 마케팅의 단점을 극복하기 위해, 무보상 마케팅을 서비스 유형별 네트워크 형태로 엮어 마케팅 물량을 확보하고, 마케팅 초기부터 설치당 단가를 확정한 '무보상 CPI 네트워크 서비스'를 국내외 주요 게임 앱과 서비스 앱에 적용하여 서비스 중이다.

어쨌거나 급변하는 모바일 시장 상황에 따라 앱 마케팅의 방법도 계속 새로워질 것이다. 앱 마케팅에 고민하는 분들에게 이 책이 조금이나마 방향 제시가 되어 실무에 도움되길 바라면서 기쁜 마음으로 고생스러웠던 이 책 작업을 마치는 바이다.

마지막으로 책의 시작과 마지막을 함께해 준 포커스엠 담당 직원들과 클라우드북스 분들, 그리고 다양한 통계를 제공해 준 제휴사 분들, 바쁜 와중에 흔쾌히 추천사를 적어주신 분들, 또 이 책의 독자분들께 감사의 말씀을 전한다.

저자 장기태

앱 마케팅

1판 1쇄 발행 2014년 4월 23일

지은이 장기태

발행인 문아라

편집 장진천

인포그래픽 장재혁

펴낸곳 클라우드북스

주　　소 서울 마포구 성산동 200-311

이메일 cloud@cloudbooks.co.kr

사이트 www.cloudbooks.co.kr

페이스북 www.facebook.com/cloudbookskorea

전화번호 010-5136-2260

출판등록 313-2012-124

제　작 다라니

구입문의 010-5136-2260 / FAX 0303-3445-2260

클라우드북스는 지식 서비스와 IT 관련 책을 전문으로 만듭니다.

ISBN 978-89-97793-12-9 13320

※ 이 책의 모든 내용, 디자인, 이미지, 편집구성의 저작권은 지은이와 클라우드북스에 있습니다.
※ 본사의 서면 허락없이는 책 내용의 전체나 일부를 어떠한 형태나 수단으로도 이용하지 못합니다.
※ 잘못된 책은 구입하신 서점에서 바꾸어 드립니다.
※ 책값은 뒤표지에 있습니다.

저자소개

장기태

IT붐이 일기 시작한 1997년부터 GE, 삼성, 아이비즈넷(온라인컨설팅사), 다음커뮤니케이션 등에서 온라인 마케팅 업무를 하였으며, 헬싱키 경영대학원에서 E-biz MBA를 공부하였다.

특히 2009년 국내 모바일산업 태동기부터 모바일 앱 서비스, 모바일광고 성과분석, 앱 마케팅 효율 분석 서비스 등을 통해 모바일 마케팅 전문가로 활동하고 있다. 현재, 국내 최대 무보상형 앱 마케팅 네트워크 서비스인 포커스엠을 운영하면서, 많은 기업의 앱 마케팅을 컨설팅과 함께 운영 대행을 하고 있다.

포커스엠 소개

포커스엠은 앱마케팅에 대한 컨설팅과 운영을 대행하는 서비스이다. 보상형 마케팅을 비롯하여 무보상형 마케팅 및 여러 종류의 앱 마케팅을 지원하고 있으며, 특히 무보상형 앱 마케팅 영역에서는 국내 주요 서비스 앱들과의 연동을 통해 국내 최대 네트워크를 구성하고 있다.

http://www.focusm.kr